묵음의 세계에서 수화하는 감정

고요 속에서 번역한 마음

*

말하지 못한 순간들이
나의 언어로 피어났다

* 일러두기
- 목차 구성 상 글의 흐름이 실제 순서와 다를 수 있습니다.
- 이 책에 담긴 청각장애 경험은 실제 사례를 바탕으로 재구성한 글입니다.

작가의 말

 2010년, 처음 보청기를 착용했던 순간을 아직도 선명하게 기억한다. 부모님의 얼굴에는 미소가 떠 있었지만 그 이면에는 아마도 슬픔이 담겨 있었을 것이다. 그 이전의 어린 시절은 잘 기억나지 않는다. 귀가 좋지 않았다는 사실조차 스스로 인지하지 못했기에 세상이 원래 그렇게 들리는 줄만 알았다.

 그 후 16년 동안 정말 많은 일이 있었다. 초등학생이던 나는 다른 친구들과 다를 것 없이 뛰어놀며, 스스로 인기도 많다고 착각했던 시절이었다. 그때 친했던 친구들과는 평생 함께할 거라고도 믿었다. 그 시절의 나는 보청기의 존재를 거의 의식하지 않은 채 지냈었다.

중학교 3학년이 되던 해, 코로나19가 시작되었다. 모두가 마스크를 쓰고 입이 가려지니 입 모양을 읽는 나에게는 수업은 물론 온라인 강의 속 강사의 말조차 들을 수 없었다. 처음으로 우울감이라는 감정을 온전히 마주하게 되었다.

　'나는 왜 들리지 않을까.', '왜 홀로 가만히 앉아 주변을 눈치껏 훑어야 할까.'

　이해할 수 없는 나날이 무의미하게 흘러가기만 했다. 그때는 잘 들리지 않는 순간들을 어떻게든 넘기려 애쓰며 '다들 이 정도쯤은 다 그러는 거겠지'라며 스스로 설득하곤 했다. 나만 이상한 건 아닐 거라는 믿음은 어린 마음이 견디기 위해 만들어낸 조용한 방어막이었는지도 모르겠다.

　며칠 전 엄마와 드라이브하던 중에 들은 이야기였다. 수능 면접을 준비하던 몇 해 전, 내가 썼던 예상 질문의 답변은 앞뒤가 맞지 않았고 단어 선택도 어설펐다고 하셨다. 당시에는 글을 쓰는 감각이 전혀 없었다. 누군가의 도움이 없이는 글 한 편을 완성하기조차 어려웠던 때였다.

　그런 내가 곧바로 성인이 되어 글쓰기를 접하고 어느덧 글은 내 삶의 일부가 되었다. 물론 글을 많이 쓰면 필력이 늘 수 있다는 건 알고 있지만 이렇게 단기간에 성장할 수 있는 건지 스스로도 놀랍다. 정말로 나는 많은 노력을 했던 걸까.

글을 쓰기 시작하면서 처음에는 내 마음조차 내가 제대로 읽어내지 못한다는 걸 깨달았다. 단어 하나를 꺼내는 일에도 멈칫하게 되고 자주 지우고 고치기를 반복했다. 그런데 이상하게도 그런 시간이 점점 나를 나답게 만드는 듯했다.

내가 작가가 될 줄은 꿈에도 몰랐다고 엄마는 말씀하신다. 듣지 못했던 어린 시절, 한글도 남들보다 훨씬 늦게 익혔다고 하셨다. 매주 발음을 교정하러 언어치료실을 다녔던 기억이 아직도 생생하다. 어떤 발음이 정확한 것인지조차 알 수 없어 그 시간이 늘 고통스러웠다. 지금도 마찬가지다.

사람들 앞에서 말하는 것이 여전히 두렵다. 청각적 제약보다도 말끝이 흐려지면 내 말이 가벼워 보이지는 않을지 걱정되는 마음이 크다. 그래서 말보다 글이, 순간보다 기록이 더 오래 남는 이유가 되어 주었다. 그리하여 스무 살에 첫 책을 내게 되었다. 누군가의 눈에 내 문장이 아직 서툴고 미흡해 보일지 몰라도 내게는 책을 펴내는 이 순간이 두고두고 기억하고 싶은 인생의 이정표가 되어 줄 것이다. 사실 아무에게도 와닿지 않는 글이 아닐까 하는 걱정은 끊이지 않는다. 그럼에도 믿는다. 내가 지나온 시간은 절대 헛되지 않았다는 걸.

당신들도 이루기 어렵다고만 여겼던 그 영역에 발끝이라도 내밀 수 있기를 바란다. 그것이 바로 '용기'일 것이다. 수많은 단어 중 하나일 뿐이지만 '용기'라는 단어는 그 무엇보다 강한 힘을 지녔다고 믿는다.

내 글을 읽은 누군가가 조금이라도 더 용기를 내어 살아갈 수 있다면 그 자체로 충분하다. 그런 바람으로 8개월 동안 써 내려간 이 글들을 세상에 내어놓는다. 누군가는 다 읽고 난 후에도 어느 한 문장이 마음속에 남아 아주 작은 변화의 시작이 되어 주었으면 좋겠다.

01 행복의 얼굴을 닮은 하루들   24개의 글

인연의 허전함 15 / 마지막 출근길 18 / 혼자인 듯, 온전한 날 21 / 낙관의 체화 24 / 인생의 권태기 27 / 오늘의 퍼즐 30 / 반복된 주저앉음 33 / 저녁의 상쾌한 바람 35 / 변하지 않는 형태 38 / 행복 수집가 40 / 편식하는 독자 44 / 행복한 애를 쓸 것 47 / 적당한 농도의 사람 50 / 물만으로 버틴 날 54 / 나답게 성실하게 56 / 성장의 일부 58 / 무의식의 입꼬리 60 / 가득 찬 알맹이 63 / 잊지 못할 여행 66 / 아주 다르지 않게 68 / 노을 한 자락 71 / 꽃 피는 봄 74 / 어린 모습의 색채 77 / 시간의 흐름 80

02 어른이라는 말에 담긴 오해   24개의 글

조급함의 독백 85 / 바라던 대로 살고 있는가 87 / 잘 사는 기준 90 / 소망의 파도 속에서 92 / 멋 모르던 시절 94 / 어딘가로 향하는 마음 하나를 품고 96 / 살아낼 내일 99 / 내일을 위한 기대를 품고 101 / 나다워지는 때 104 / 여전히 되어가는 중 106 / 어린 날의 나에게 108 / 어쩔 수 없는 것 앞에서 111 / 후회를 안고 걸을 수 있는 용기 114 / 아프지 않은 낙사는 있을 수 없을까 118 / 오래도록 듣고 싶은 발걸음 소리의 형태 120 / 조금은 달라질 나를 기대하며 123 / 기대보다 멀고, 마음보다 짧았던 사랑 126 / 단편들만 기억나는 시절 129 / 어른이라는 이름에 기대어 132 / 이름들 133 / 내면에 남아 있던 잔여감 136 / 나를 좋아해 줄 시간 139 / 무뎌진 마음 위에 내리는 장마 142 / 열심히의 결을 따라 145

03 묵음의 세계에서 수화하는 감정   24개의 글

소리를 넘지 못한 진심 151 / 내가 그렇게 태어난 이유 153 / 꿈이 먼저 알아챈 마음 155 / 마음의 여지 157 / 홀로서기 160 / 조용함이 주는 다정함 162 / 고요를 견디는 연습 165 / 충만함을 잊은 시간 168 / 말을 품고 살아가야 하는 사람이라면 170 / 먼저 출렁여 줄 수 있는 친구 173 / 내가 쏟은 슬픔에는 엄마의 슬픔이 묻어날 수 없었다 176 / 꽃을 닮고 싶은 청춘 180 / 묵호에 띄운 유예된 말들 183 / 나라는 사람이 희미해질 때 188 / 고작 그 하루, 의미 있게 만들어 가면 되지 않겠느냐고 190 / 숨 고르듯 살아가는 마음 193 / 소리를 바라보는 마음 195 / 형태 없는 난제 앞에서 197 / 우리의 공통점 200 / 사라지지 않으려는 마음 203 / 여름의 매미 소리 205 / 장애의 유전 209 / 승지 소리 213 / 묵음의 세계에서 수화하는 감정 216

행복의 얼굴을 닮은 하루들

인연의 허전함

부끄러움으로 시작된 아침이었다. 내 인생에서 알람을 듣지 못해 늦잠을 잔 적은 손에 꼽을 만큼 드물다. 하지만 올해 들어 벌써 두 번째 지각이었다. 엄마의 깨움에 화들짝 놀라 깨어나 카페 오픈 아르바이트에 처음으로 삼십 분이나 늦었다. 그렇게 서둘러 출근해 다섯 시간을 일하고 곧장 식당으로 두 번째 출근했다.

식당 아르바이트는 단순 반복의 연속이다. 무의식적으로 해야 할 일을 하며 동시에 머릿속은 유난히 분주해진다. 항상 그래 왔듯이 생각이 스칠 때마다 잊지 않으려고 메모장을 열어 가며 상을 치웠다.

그러다 문득 오늘이 2월의 두 번째 날이라는 걸 처음으로 인식했다. 날짜를 하나하나 세며 지내오지 않았던 터라 2월 2일이라는 말을 몇 번이고 되뇌었다. 그렇게 되뇌다 보니 오늘 하루를 허투루 보내고 싶지 않아졌다. 하루를 소중히 여기는 삶을 살고 싶다는 마음이 또렷하게 들었다.

사랑을 생각하는 마음도 어김없이 파고들었다. 갈라진 틈 사이로 스며들었던 사랑이 빠져나가면 그 자리에 다시 허전함이 남는다. 사랑이 들어오기 전부터 원래 비어 있었을 터인데, 그 자리를 어떻게든 메워야 할 것만 같은 기분은 나를 슬프게 만든다. 인연은 늘 소중하기에 사랑이 아니더라도 찰나에 멀어질 때마다 마음 한구석이 저릿해진다. 사랑이란 게 어느새 두려움의 이름으로 변해 있었다. 앞으로 어떤 사랑을 마주하게 될지 가끔은 겁이 나기도 한다. 이 엄격한 세상 속에서 여린 마음을 가진 사람들은 어떻게 살아가야 할까. 그 순간마다 우리는 차가운 현실 앞에 스스로를 깨닫는다.

나 하나 챙기기도 벅찬 날들 속에서 서로를 향한 마음과 사랑은 인간이 쏟을 수 있는 가장 위대한 힘이라고 생각한다. 소중하지 않은 인연이 존재하기나 할까. 그저 스쳐 지나간 사람들 속에도 나는 누군가의 마음에 잠시 머물렀을지 모른다. 그래서 수많이 놓쳐 버린 인연들이 자꾸만 떠오른다.

어쩌면 사랑은 원래 조금은 허전하고 그래서 더 당연한지도 모르겠다. 인연의 무심함이 어색한 나는 아직 덜 자란 어른일 뿐이다. 익숙해지고 싶지 않은 밤이다. 그렇다고 해서 아쉬움에 젖지는 않는다. 다만 낯설 뿐이며, 그저 그런 일이 일어나지 않기를 바라는 마음이다.

   그래도 오늘의 끝에는 따뜻한 장면이 남았다. 하삼분 - 하루 삼십 분 독서, 글쓰기, 운동을 인증하는 온라인 모임 - 단톡방에 어떤 분이 남긴 글을 읽고 조심스럽게 위로의 말을 전했다. 괜히 오지랖처럼 보일까, 가벼운 말로 느껴질까 걱정했지만 용기를 내서 보냈다. 그런데 오히려 다른 분들이 역시 줄줄이 따뜻한 말을 이어 주셨다.

   위로는 언제나 고맙고 힘이 되는 것임을 알면서도 막상 누군가에게 위로를 건넬 땐 늘 조심스러워졌다. 어쩌면 지나치게 고민하는 걸지도 모르지만, 그런데도 그날의 따뜻한 말들이 내 마음까지 데워 주었다. 이 온기가 내일에도 이어지기를, 그리고 무탈한 하루가 되기를 조용히 바라본다.

마지막 출근길

 어떤 기억하고 싶은 문장이나 순간을 따로 기록하지 않았다. 가만히 생각나는 대로 써 보기로 했다. 내 나름의 훈련이었다. 어제를 만회하듯 오늘은 부지런히 눈을 떴다. 그리고 하루가 아름다울 거라는 믿음으로 아름다움의 최대치까지 한껏 꾸미고 집을 나섰다. 한 달간 정부에서 지원해 주는 청년 일자리 형태로, 청년 행정 인턴의 마지막 출근길이었다. 그 순간을 오래 기억하고 싶어 여느 때와 달리 버스 창밖을 천천히 바라보았다.

 문득 세수하다 황당하게 코피를 흘렸던 아침이 떠올랐다. 어이없는 상황에 웃음이 나다가도 왜 그런지 이리저리 검색해 보았다. 겨울의 바짝 마른 공기 탓이었을까. 아니면 얕은 잠의 여파였을까. 정말 잠을 못 잘 만큼, 커피를 흘릴 만큼 치열하게 살고 있었던 걸까. 내가 보기엔 그리 치열한 삶은 아니었다. 그래도 나름 바쁘게 달려온 1월이었다. 다만 체력 하나는 참 기특하다는 생각에 커피를 흘리고도 내심 감탄했던 건 어김없다.

업무를 마치고 관공서 식당으로 향했다. 직원 식당에서의 마지막 점심이었다. 식기를 반납하면서 조리사님께 어떤 인사를 전해야 할지, 허둥지둥 밥을 먹으며 고민했다. INFJ의 I가 70% 가까이 되면서도 말 한마디의 힘과 따뜻함을 알기에 얼굴이 붉어지면서도 굳이 인사를 드렸다.

"오늘 제가 마지막 식사라서요, 그동안 감사했어요. 새해 복 많이 받으세요."

그다음 계획은 순정책방을 방문 후에 엄마가 일하시는 식당에서 잠시 수다를 떨고, 친구와 저녁 약속을 지키는 것이었다. 하지만 다시 보니 순정책방은 오늘 휴무였다. 친구와의 약속도 취소되었다. 아쉬움과 심심함이 밀려왔지만 별수 없이 남은 일정대로 엄마의 식당으로 향했다. 예전과 같았으면 계획이 틀어진 이 하루에 괜히 예민해지고 마음이 무너졌을지도 모른다. 그런데 오늘의 나는 의외로 유연했다. 바뀐 흐름을 담담히 받아들이는 내 모습을 보았다. 오늘뿐 아니라 평소 같았으면 마음이 복잡했을 일에도 유유히 빠져나왔다. 달라진 내 겉모양이 하루 종일 낯설기만 했다. 성장이라고 말할 수 있을까. 굳이 확신할 수는 없어도 좋은 변화인 것만은 분명하다.

    내일은 춘천으로 떠나게 되었다. 지금껏 고생한 나에게 주는 보상이다. 홀로 떠나는 첫 1박 2일 여행이라서인지 한 달 전부터 설렘이 쌓이고 있었다. 지금은 그 설렘이 무르익었다. 어떤 마음으로 그 길을 걸을지, 무엇을 보고 배울지. 머릿속은 이미 춘천의 풍경이 슬며시 흐르고 있다. 누군가는 혼자 여행 가는 게 뭐 그리 대단하냐고 말할 수도 있다. 나는 이 일이 대단하다고 믿고 싶다. 더 대단한 사람이 되기 위한 나만의 한 걸음이니까.

혼자인 듯, 온전한 날

    요즘 행복한 날들을 보내고 있다. 오늘도 그랬다. 누구에게도 억압받지 않고 온전히 내 자유를 만끽한 여행의 첫날을 마무리한다.

    아침 일찍 집을 나섰지만 다시 돌아와야 했다. 마음은 괜찮아도 입술만은 갈라지지 않게 놓고 온 립밤을 두고 왔다는 사실이 자꾸 마음에 걸렸다. 그렇게 립밤을 챙기고 다시 길을 나섰다. 버스를 타고 역으로 향했다. 내가 탈 열차의 전 열차가 지나갔다. 그 열차를 기다렸던 사람들의 여운이 공간에 남아 있었고 그 틈을 걸었다. 신나는 마음으로 경춘선 풍경을 검색하고 열차 안에서도 놓치지 않으려 창밖을 눈에 담았다. 직접 마주하고 싶었기에 흘려보내고 싶지 않았다.

열차와 두 시간을 함께했다. 짧다면 짧고, 길다면 긴 시간이었지만 한순간도 지루하지 않았다. 경춘선으로 갈아타고 가는 동안의 창밖에 펼쳐진 풍경은 온통 갈색빛이었다. 아직 가지 않은 추운 겨울이었고 나무들은 여전히 옷을 벗고 있었다. 하늘은 다행히 기분이 좋았는지 강마저 푸른빛을 드리웠다. 청록색 계절은 아니지만, 그럼에도 꿋꿋하게 자리를 지키는 풍경에 마음이 찡했다.

한 달 전부터 예약해 둔 숙소가 있었다. 그때부터 날씨가 좋기를 바라왔다. 바람은 통했는지 하늘은 맑았지만 이번 겨울 들어 가장 추운 날이기도 했다. 어제가 바로 입춘이었고 봄이 머지않았다는 소식이 달력에 적혀 있었지만 겨울은 아직 가기 싫다며 투정을 부린다. 겨울의 끝자락이 보일 즈음, 어느덧 경춘선도 끝자락을 향해 갔다. 역을 나서자마자 수많은 닭갈빗집을 보면서 나도 모르게 미소가 피어올랐다. 나 춘천 왔구나, 이제 힐링 여행 시작이구나. 이틀간 나에게 온전히 집중하겠다는 설렘으로 가슴이 부풀어 올랐다.

여행을 마치고 스테이 로비에서 하루를 마무리했다. 매서운 날씨에도 불구하고 마음만큼은 따뜻했다. 좋아하는 칼국수를 먹기 위해 1인분 주문이 가능한 식당을 찾아다니다가 반갑게 맞이해 주신 이모님, 효자동 낭만 골목을 걷다 마주친 할아버지의 인자한 웃음, 사람 없는 한적한 마을에서 슬쩍 불러보는 노래 한 소절, 숙소 문을 열자마자 반겨주는 따스한 향기와 온기. 내일은 어떤 하루가 될까. 어떤 마음을 품을지 벌써 기대되었다.

혼자 있는 걸 외로워하지 않는 성격이지만 막상 혼자 여행을 떠나면 외로울 줄 알았다. 하지만 걱정과 달리 이 여행은 온전한 휴식이 되어 주었다. 무엇보다 나에게 집중할 수 있다는 것이 좋았다. 스스로와 소통하면서 조금도 서글픈 감정 한 줌 없이 다녀온 어여쁜 여행이었다.

바라는 하루를 그려내는 일은 생각보다 어렵지 않았다. 오히려 오늘의 경험 덕분에 나는 내가 나의 롤모델이 되어 볼 수 있겠다는 용기를 얻었다. 완벽에 가까운 하루의 그림을 그려냈고, 그 그림은 사고팔 수 없는 값진 것이 되었다. 그런 그림들을 계속 그리고 싶다. 그림뿐 아니라 이번 여행처럼 내 마음을 꾸준히 쓰고 더 잘 써 나가고 싶다.

낙관의 체화

 요즘 자주 드는 생각이 있다. 원래부터, 아니 태생부터 나는 꽤 낙천적인 사람이다. 상처를 받아도 하루가 지나면 금세 잊어버리고 힘든 일이 있어도 '죽고 싶다'는 말은 단 한 번도 입에 담아 본 적이 없다. 되레 더 잘하고 싶다는 욕심이 앞선다. 누군가에게는 나보다 더 좋은 일이 생기길 바라고 모두가 행복하기를 진심으로 바란다. 이렇게 글로는 내 장점을 나열할 수 있지만 입 밖으로 꺼내기엔 어쩐지 아직도 부끄럽다.

 매년 1월 1일마다 이상하게 좋지 않은 일이 있었다. 가족과 다투거나 마음이 흐트러지는 일. 그 데자뷔 같은 고리가 올해 드디어 끊겼다. 그 후로는 하고 싶은 일들을 마음껏 누리고 있다. 가끔은 마음이 침잠해지지만 곧 흘려보낼 수 있는 나름 맑은 마음을 가지고 있다. 그런데도 문득 '이렇게 행복해도 되는지' 싶을 때가 있다. 이러다가 불행이 몰려오지 않을까 하는 막연한 불안이 따라온다. 그럼에도 지금의 행복을 놓치고 싶지 않아서 있는 그대로의 행복이 달아나지 않게 꼭 부여잡고 있다.

착한 일을 하면 그만큼 돌려받는다고 사람들은 종종 말한다. 요즘 들어 그 말의 의미를 조금씩 알아가고 있다. 내 친절이 꼭 나에게 돌아오지 않더라도 그 순간 내 심성이 따뜻해지는 걸 느낀다. 스스로를 칭찬하고 사소한 순간에도 감사하는 일이 날이 갈수록 점점 많아지고 있다. 나이가 들수록 더 그렇다. 오늘 여행 중에 엄마에게 대뜸 이렇게 말했다.

"어떻게 이런 딸 낳았어? 꿀팁 좀 줘. 나도 나 같은 딸 낳게."
"맨날 잔소리하면 돼."

얼마나 입이 아프셨을까. 여전히 더 나은 딸이 되라며 아직도 잔소리를 멈추지 않으신다. 엄마는 항상 필요한 말만 하고 대답도 간결하다. 내 말을 흘려듣는 듯, 감정을 잘 표현하지 않는 엄마와 사춘기 시절엔 서운함에 많이 다투기도 했다. 하지만 이제는 안다. 못 들은 줄 알았던 내 말들을 조용히 가슴에 품고 계셨다는 걸. 흘려보낸 줄만 알았던 내 바람들을 언젠가 조용히 이루어 주고 계셨다는 걸.

그때는 미처 몰랐던 엄마의 진심이 지금은 아주 선명하게 보인다. 나를 돌봐주시느라 힘드셨을 부모님을 생각하면 마음이 아파진다. 귀가 먹먹한 나에게도 엄마 아빠의 말은 유독 선명하게 잘 들린다. 세상의 나쁜 말들은 잘 들리지 않고 부모님의 좋은 목소리만 또렷하게 들리니, 그래서 내가 이렇게 잘 자랄 수 있었나 보다. 이제야 새삼 깨닫는다.

내가 귀가 잘 들리지 않는다는 이유로 엄마 아빠에게 수없이 투정도 부렸었다. 하지만 진심은 그게 아니었다. 코로나 시기 모두가 마스크를 썼던 날들. 자막 없는 영상 속에서 느껴야 했던 고립감. 그럼에도 나는 스스로를 동굴에 가두지 않았다. 오히려 이렇게 생각했다. 나는 듣고 싶은 말만 들을 수 있는 능력을 갖춘 사람이다. 나를 두고 더 나아가고 싶다는 욕구, 남들에게 뒤처지지 않겠다는 다짐은 시간이 갈수록 더 강해졌다. 아마 내가 평범하게 잘 들렸더라면 지금처럼 잘 살지는 못했을 것이다. 잘 들리지 않음에도 낙관적인 내가 되어 다행이다. 무엇보다 나를 이렇게 키워 주신 부모님께 진심으로 감사하다.

많은 생각이 스쳐 지나가는 밤이다. 비록 더딜지라도, 지금껏 잘 이겨내 온 듯 앞으로도 묵묵히 걸어가고 싶다. 그 누구와도 비교할 수 없는 좋은 사람이 되고 싶다.

인생의 권태기

 여행이 끝난 다음 날의 일상은 뜻밖에도 다채로운 얼굴로 나를 맞았다. 춘천 숙소에서 제공해 준 조식에서 먹었던 식빵의 여운이 아직도 남아 있다. 아침을 챙겨 먹는다는 건 나에게 부지런함이라는 내적 칭찬을 불러일으킨다. 그때는 창밖을 감상하며 식빵을 베어 물었던 그 순간이 아름다웠기에, 오래도록 기억에 남는다. 집에서도 식빵을 굽는 재미에 빠져 꾸준히 먹고 있다. 찌는 살은 나의 미래가 해결해 주리라 믿는다.

 브런치를 만들어 아침을 먹고 곧장 나갈 채비를 했다. 굳이 무언가를 하려는 성격의 나는 가깝지 않은 거리의 도서관을 향해 길을 나섰다. 같은 서울이지만 우리 집에서 도서관까지는 도보 포함 오십 분이 걸렸다. 그래도 가는 길은 늘 설렘으로 가득해서 지루하지 않았다. 최근에 인테리어가 예쁘기로 소문난 논현문화마루도서관을 우연히 알게 된 이후, 나에게 또 다른 취미가 생길 것 같았다. 책방과 독립 서점을 다니는 것도 좋아하지만 도서관 탐방이라는 새로운 즐거움이 더해지자 하루가 더 풍성하게 느껴졌다.

도서관 내부는 유명한 만큼 사람들로 북적였다. 겨우 자리를 잡고 책을 펼쳤다. 열두 시라는 늦지 않은 시간임에도 이미 자리에 앉아 진중한 표정으로 책을 읽고 있는 사람들을 보며 왠지 모를 존경심이 들었다. 그냥 책을 읽는 사람들을 좋아한다. 같이 독서할 수 있는 짝꿍이 생겼으면 좋겠다고 생각하고 있을 무렵, 배는 계속해서 꼬르륵거렸다.

몇 시간의 독서를 마치고 출근하기 전에 제일 좋아하는 초밥을 먹기로 했다. 초밥 맛집을 알아보고 길을 나섰다. 리뷰 사진으로만 보던 간판을 직접 마주할 때면 늘 그렇듯 또다시 설렘이 인다. 누군가는 이런 나를 유난스럽다고 할지도 모르지만 나는 앞으로도 이런 사소한 설렘을 계속 느끼며 살고 싶다.

우제홍 초밥집은 도서관 바로 옆에 자리하고 있었다. 초밥 킬러인 나에게는 초밥 크기가 조금 작아서 아쉬웠다. 그럼에도 오늘은 굳이 초밥을 고른 이유가 있었다. 아무리 좋아하는 음식이라 해도 가격 때문에 망설이는 날은 많다. 오늘 같은 날에는 주저하지 않았다. 스스로를 기꺼이 대접하고 싶은 마음이었다. 드디어 초밥을 입에 넣으려던 순간, 좋아하는 친구에게서 블로그 댓글 알림이 떴다. 들고 있던 초밥을 욱여넣고 황급히 확인했다. 그 친구 덕분에 내 블로그는 거의 모든 게시물에 댓글이 달려 있을 정도로 항상 고마운 존재다. 그런데 오늘은 평소와 다른 장문의 댓글이 달렸고, 그만 울컥해서 초밥을 먹다가 우는 사람이 될 뻔했다. 한 번도 나를 이해하려 하지 않고 있는 그대로를 존중해 주는 사람은 그 친구가 처음이었다. 좋은 사람이 되고 싶은 나에게 그 친구는 내가 생각하는 좋은 사람의 기준에 부합하는 사람이다. 항상 나를 높게 사주고, 내게서 깨달음을 얻는다고 말하는 사람. 그래서 절대 놓치고 싶지 않다.

이처럼 좋은 순간들이 많아서 잊고 싶지 않은 마음으로 메모장에 적어 둔 기록도 어느새 넘치기 시작했다. 아침을 알리는 고소한 빵 냄새, 도서관에서의 조용한 집중, 나에게 주는 작은 보상, 따뜻한 댓글로 나를 녹여 낸 친구가 있었던 덕분에 오늘 하루의 윤곽이 더 선명할 수 있었다.

만약 인생에서 권태기가 찾아온다면, 나를 힘들게 하는 것들을 잠시 내려놓고 하고 싶은 일을 마음껏 하라고 말해 주고 싶다. 이런 조언이 누군가에게는 꼭 맞는 말이 아닐지도 모르겠다. 나라는 사람과 더 가까워지기 위한 최소한의 노력이라 믿는다. 삶의 주체고 원하는 하루를 만들 수 있는 사람도 결국 나 자신뿐이다. 그러니 억지로 세상과 연결되려 애쓰지 않았으면 한다. 나와 나를 연결하는 훈련을 하다 보면 아마도 우리는 조금 더 단단한 사람이 되어 있을지도 모른다.

오늘의 퍼즐

　이번 아침에는 식빵 대신 다른 것이 식탁에 올랐다. 엄마가 출근하시기 전에 부대찌개 밀키트를 주문해 주셨다. 요리하자면 차라리 끼니를 거르는 나인지라, 동생이 끓여 주었고 함께 먹었다. 아마 다른 사람 눈에는 우리 남매 사이가 유독 좋아 보일지도 모르겠다. 아무리 방에서 게임만 하는 동생이지만 내가 애정을 담아 툭툭 던지는 잔소리를 은근히 잘 들어 준다. 슬쩍 방에 들어가 냄새가 난다며 입고 있던 동생 옷에 섬유유연제를 뿌리는 장난에도 웃어넘기고, 내가 부탁하는 일도 군말 없이 따라 준다. 나중에 무엇을 하고 싶은지 도통 알 수 없는 동생이지만 나름의 생각이 있겠거니 하며 믿어 보기로 했다.

부대찌개를 먹고 식당으로 출근했다. 일이 뜸해지는 틈틈이 태블릿과 휴대용 키보드를 꺼내 들었다. 가만히 있는 걸 잘 견디지 못하는 나는 꼭 무언가를 해야만 마음이 편해진다. 부모님이 운영하시는 식당이라 눈치 보지 않고 편하게 글을 쓸 수 있었다. 요즘 읽고 있는 『술과 농담』을 바탕으로 독서 일지를 쓰는 중이다. 며칠 전부터 참여하고 있는 하삼분 단톡방에는 그래 왔듯이 글을 쓰는 내 모습을 타임랩스로 찍어 공유도 했다.

그리고 오늘부터 신청해 두었던 우연과감상 북클럽 1기가 시작되었다. 총 13번의 글쓰기, 자유 책 모임, 지정 책 모임, 영화 모임, 와인과 함께하는 독서 모임에 참여할 수 있으며, 게다가 원하는 책 세 권과 다양한 독서 아이템, 커피 쿠폰도 다섯 장 제공된다. 하지만 정작 마음에 걸린 건 낯선 사람들 사이에서 잘할 수 있을까 하는 걱정이었다.

도전이라는 단어는 나와 그다지 어울리지 않는 것 같지만, 생각해 보면 늘 많은 도전을 시도해 왔다. 좋아하는 일에는 쉽게 뛰어들고 관심이 없거나 자신의 믿음 한계선을 넘어선 도전에는 선뜻 눈길도 주지 않는다. 이런 모임이 누군가에겐 별일 아닐지 몰라도 나에게는 배려를 요구하지 않고 사람들 사이에 섞여 들어가는 일이기에 더욱 어렵게 느껴졌다.

그럼에도 신청했고 북클럽 단톡방에 초대받아 조심스레 인사를 주고받았다. 그저 "안녕하세요"만 주고받았을 뿐인데도 왠지 기대가 되었다. 열심히 해 보고 싶은 마음이 들었다. 하삼분 모임처럼 언젠가 이 모임도 내게 아무렇지 않은 일이 되기를. 그리하여 또 하나의 성장 시간으로 남기를 바랐다.

식당 마감 후에는 간단한 회식을 하고 집으로 돌아왔다. 내일 새벽 여섯 시 반에 일어나야 하지만, 마저 글을 쓰고 싶어 노트북 앞에 앉았다. 하루라도 기록을 미루면 그날의 의미가 희미해지는 것만 같아 허무해진다. 그래서 미루지 않는다. 오늘의 퍼즐 옆에 내일의 퍼즐을 잘 끼워 넣기 위해서 조금 늦게 잠드는 것쯤은 괜찮다고 믿는다.

반복된 주저앉음

　어제 신나게 글을 쓰고 눕는 순간부터 심상치 않음을 직감했다. 무엇을 잘못 먹었는지 위의 팽만감이 다음 날 아침까지 이어졌다. 잠을 설치고 출근해야 하므로 일어나야 했지만 몸이 움직이지 않았다. 힘이 없고 속이 아팠다. 무거운 몸을 이끌고 양치질하다가 그만 주저앉고 말았다. 너무 이른 아침이라 부모님은 주무시고 계셔서 깨울지 말지 한참을 고민했다. 결국 아빠를 깨우고 속이 너무 좋지 않다고 말하는데 서러워서 눈물이 나기 시작했다. 곧바로 아빠는 약을 준비해 주셨고 나갈 시간이 되어 출근했다. 다행히 사장님께서 배려해 주신 덕분에 한 시간만 카페 오픈을 했다. 그 한 시간도 주저앉음을 반복한 고통스러운 시간이었지만 다행이라고 생각했다.

집으로 돌아오자마자 쓰러지듯 침대에 누워 잠을 청했다. 자도 자도 나아지지 않았고 단 몇 숟가락의 밥도 들어가지 않았다. 어쩔 수 없이 약을 억지로 삼키고 다음 출근을 준비했다.

식당에 도착해서 손에 힘이 들어가지 않아도 꿋꿋이 할 일을 했다. 엄마가 어디 아프냐며 걱정해 주시고 아빠도 마음 쓰시는데 괜히 짜증이 났다. 그저 열심히 살고 싶었다. 어제 말한 것처럼 완벽한 오늘의 퍼즐을 끼우고 싶었을 뿐인데 왜 아파야 하는지 속상한 마음뿐이었다. 감정적으로 버럭버럭하고 뒤를 돌아서니 후회가 밀려왔다.

그럼에도 엄마는 1층 약국에서 액상 소화제를 사 오셨다. 알약을 좋아하지 않는 나를 생각해서 액상으로 사 오셨다는 말에 눈물이 났다. 서러움과 미안함이 섞인 눈물이었다. 약을 먹고 앉았다 일하다를 반복하며 버텨냈다.

책을 자주 접하면서 조금이나마 마음이 안정되고 감정 변화가 차분해졌다고 생각해 왔다. 불운이 찾아올 수 있다는 것을 알면서도 직접 겪으면 받아들이는 일이 그저 어렵게만 느껴진다. 고난에 익숙하지 않은 나라서일까. 그래도 앞으로 얼마나 더 좋은 일이 생기고 행복해지려고 나를 이렇게 아프게 하나 생각하며 말없이 해야 할 일을 미루지 않았다. 새삼 긍정적인 사고 전환이 얼마나 중요한지 깨달았다. 건강 관리도 꾸준히 해야겠다고 다짐한다.

저녁의 상쾌한 바람

 아픔이 가시니 오늘은 기쁨으로 가득 찬 하루를 보냈다. 일어나자마자 엄마가 걱정을 담아 정성껏 차려 주신 아침상이 눈앞에 놓여 있었다. 따뜻한 죽 한 그릇을 먹고 나니까 벌써 다 나은 것만 같았다. 정신없이 어질러진 방을 정리하고 한참을 쉬었다. 오늘만큼은 길게 쉬자며 이불 속에 파묻혀 드라마 한 작품을 정주행했다. 자세를 이리저리 바꾸며 몇 시간 동안 화면을 바라보았지만 마음 어딘가가 자꾸 불편했다. 외향적인 성격이 아님에도 자꾸만 갑갑한 기분이 들었다. 한 가지에 몰두하게 되면 다른 일을 놓치는 것이 두려워 드라마를 잘 보지 않는 편이다. 그래서 조금은 불편한 시청이었던 것 같다.

보는 도중에 우연과감상 북클럽 1기 단톡방에서 메시지가 왔다. 이번 주에 진행될 일정 참여를 원하는 사람은 투표하라는 내용이었다. 망설임 없이 '2월 10일 필사 모임', '2월 15일 자유책 독서 모임'에 투표했다. 오늘 나갈 일이 생긴 것만으로도 뭐라도 할 생각에 들떴다. 그전까지는 마음 편히 남은 드라마를 끝까지 봤다.

한껏 준비하고 집을 나섰다. 오늘따라 바람이 더 상쾌했다. 늘 아침에만 맡을 수 있다고 생각했던 그 바람 냄새가 해 질 무렵에도 선명했다. 비록 버스를 놓쳤지만 오히려 기다리는 동안 그 바람을 더 마실 수 있었다. 차가운 공기였다. 내 몸속으로 깊숙이 스며드는 바람은 시원했다.

우연과감상 책방에 가는 길은 설레었다. 언제 어디를 가든 설레지 않은 길은 없었던 것 같다. 모두 내가 향해 걷는 길이니 힘차게 내딛는 발걸음이 헛걸음 되지 않았으면 한다. 어디로 갈지 정해져 있지 않은 길이라도 나만의 길이고 앞으로 나아가는 것임은 틀림없다고 믿는다. 살면서 뒤로 걷는 일은 없을 것이다. 어떤 일을 겪더라도 그 안에는 배움이 항상 존재하기에 그 과정을 거치고 굳이 뒤를 돌아보는 어리석은 일은 하고 싶지 않았다.

책방에서 나눈 이야기는 책방지기분이 틀어 주신 벽걸이 전기난로처럼 따뜻했다. 내가 잘 어울릴 수 있을까, 분위기를 흐리지 않을까 걱정했던 마음이 무색하게도 그 자리는 좋은 사람들과 좋은 시간으로 가득했다. 소수의 인원이었다. 그만큼 더 깊게 말하고 들을 수 있었던 시간이었다. 듣는 것마저 소중하게 느껴졌다.

    올해의 아직 두 번째 달일 뿐인데, 지금까지 하루하루가 아깝지 않은 소비의 연속이 이어졌다. 1월은 독립출판 서적들, 독립 서점과 혼자 다녀온 짧은 여행, 처음 도전한 독서 모임 등으로 빼곡했다. 벌써 잊을 수 없는 순간들이 되었다. 그렇게 추억의 길, 사유의 길을 걸어가다 보면 또 어떤 길이 펼쳐질지 기대가 된다. 그 기대가 있는 하루하루가 즐겁고 그런 감정들의 절정에 있는 행복은 그리 먼 곳에 있지 않음을 또 한 번 느꼈다.

변하지 않는 형태

유난히 오늘 달이 예쁘다 했더니
정월대보름이었구나

집 가는 길에 놓인 수많은 가로등을 보며
이들도 달 같다고 같이 찍어준 것이야

괴리감이 들었어
내가 행복하다고 말하는 것들이
진정 행복인지

삶을 버티며 사는 사람은 슬픔이 묻어나고
그 이상의 깊은 동굴에 들어가는 사람들을
적지 않게 볼 수 있었어

그러나 고단함을 견뎌본 적 없는 사람은
그저 그런 일을 회피하는 것일까
나는 회피를 해온 것일까

정말 행복해서 행복하다고 말하면서도
행복하고 싶어서 발버둥 치는 사람인지
행복한 감정을 그저 가볍게 여기는 것인지
진중하지 못하는 것인지

내 마음에 남아 있는 행복들이
달처럼, 가로등처럼
변하지 않는 형태라면 좋겠다

행복 수집가

Make a day

내가 만든 말은 아니지만 어디선가 들은 이 세 단어는 어느새 인생 좌우명이 되었다. 하루를 만들자. 하루하루를 내가 원하는 것으로 채워 의미 있게 살아가자는 뜻이다. 그렇게 지내다 보면 행복은 특별한 것이 아닌 일상이 되어 있다. 오늘도 그렇게 하나의 하루를 만들어냈다.

일어나자마자 샌드위치를 먼저 찾았다. 대만식 햄치즈샌드위치를 좋아한다. 어제 잠들기 전부터 냉장고에 있던 이 샌드위치를 먹을 생각에 온몸에서 들뜬 기운이 흘렀다. 샌드위치와 초코과자를 곁들인 요거트, 그리고 좋아하는 카누 라테까지 머릿속에 그려 둔 한 상을 완성했다. 내가 먹고 싶은 것을 먹는 아침 식사의 행복, 그 여운은 하루 내내 지속되었다.

아침의 행복 인사를 마친 뒤 나갈 채비를 했다. 부모님의 식당 일을 잠시 도와드리고 성수에 들를 계획이었다. 안에서 삶을 채우는 편이라고 줄곧 믿어왔지만 몸은 자꾸만 밖으로 나가자고 등을 떠밀었다. 그리하여 성수동의 어느 한 조용한 카페에 도착했다. 한창 돈을 모으고 있을 때 기피한 소비 중 하나가 카페였다. 커피 맛을 몰랐던 나는 차라리 음료 대신 물을 마시곤 했다. 가끔은 쿠폰이 있으면 한 번 써보는 정도였다. 하지만 이제는 조용한 카페에서의 사색과 서점 투어를 '행복 소비'로 정의하게 되었다. 물론 여전히 아끼면서 살아가고 싶다. 다만 그런 삶 속에서도 충분히 행복한 나로 살아갈 수 있기를 바랄 뿐이다.

카페 9층 창가에 앉아 도시 풍경을 바라보며 곧 있을 독서 모임을 준비했다. 저번에 참여했던 필사 모임이 정말 좋았던 기억에 꼭 다시 가야겠다고 마음을 먹었었다. 이번에는 자유책 독서 모임으로 필사보다 벽이 높다 보니 더 큰 부담이 느껴졌다. 실수하지 않으려 몇 번이나 말할 내용을 쓰고 지우기를 반복했다. 아마 지운 글이 남긴 것보다 더 많았을지도 모른다.

책방에 도착하니 다른 분들도 하나둘씩 모이기 시작했다. 총 여섯 명이 함께하는 모임이었다. 덕분에 웃음소리는 여섯 배가 되어 번졌다. 돌아가며 책을 소개하고 인상 깊었던 문장과 함께 나누고 싶은 주제에 관해 이야기를 나누었다. 어디에서도 나눠본 적 없는 깊이의 대화였다. 다양한 책을 매개로 사람들의 생각을 들어 볼 수 있는 이 시간이 더할 나위 없이 귀중했다. 책을 통해 삶을 꺼내고, 그 삶과 나를 연결할 수 있다는 사실이 머릿속을 떠나지 않았다. 오기 전까지 느꼈던 부담이 무색할 정도로 의미 있었다. 또 한 번 성장했다는 생각에 자존감이 하늘을 뚫고 솟아오르는 느낌이었다.

내가 소개한 책은 『여전히 못난 마음이지만』이었다. 우리는 못난 마음을 품고 못난 말을 하며 살아간다. 마음 한구석에는 유려한 곡선 같은 마음이 존재하기 때문에 그런 마음을 같이 꺼내는 연습을 해 보자고 작가가 말한다. 누군가가 나에게 모진 말을 해도, 고단한 상황을 마주해도 다음 날이면 아무렇지 않을 수 있는 사람이다. 매 순간이 행복한 나이기에 비록 공감을 얻지는 못했고 처음으로 못된 마음을 품게 만든 특별한 책이 되어 버렸다.

모임에서 새벽에 읽었던 이 책이 준 괴리감에 대해 털어놓았다. 정말 사소한 것에 행복하다고 말할 수 있는 사람인데, 내가 말하는 행복이 진짜 행복일지. 그저 행복하고 싶어서 발버둥 치는 사람은 아닐지. 아직 삶을 견디는 것이 되어 본 적 없는 사람이라서 행복을 가볍게 여기는 것이 아닐지. 무거운 이야기를 꺼냈지만 듣고 있던 모든 분이 내 생각을 만류해 주셨다. 행복하다고 느끼는 건 진짜 행복이 맞다고. 못된 생각을 한 내가 미워지면서도 정말 고마운 마음뿐이었다. 예상치 못한 큰 위로를 받으며 마지막 차례였던 내 순서를 마무리했다. 집으로 돌아가는 길은 다르게 개운했다. 어제는 까마득한 밤이었는데 오늘은 밤하늘마저 맑았다.

한 시간도 버리지 않은 하루였다. 버려진 시간이 있었다고 해도 어느 날들보다는 꽉 차게 보냈다. 세상을 거닐다 보면 보지 못한 나를 발견할 수 있었다. 그 나를 만나면 또 다른 세상이 열린다. 여러 세상을 거닐며 살고 싶다. 온 세상을 걸으며 행복을 수집해 나갈 것이다. 행복 수집가가 되어야지.

편식하는 독자

　뒤척이며 눈을 떴다. 밤새 울린 알람들을 확인하려 폰을 들었다. 우연과감상 북클럽에서 보내 주는 웰컴 패키지가 오늘 오후 두 시에 도착한다는 연락을 받았다. 받자마자 벌써 도착했다는 연락이 왔다. 벌떡 일어나 산발이 된 채 문 앞에 나가 택배를 들고 왔다. 설레는 마음으로 조심스럽게 박스를 열었다. 묵직한 상자가 내 마음마저 웅장하게 했다. 사전에 골라 둔 책 세 권, 감귤과 나무를 연상하게 하는 색감의 인덱스, 금색 테두리의 필사하기 좋은 노트가 들어 있었다. 북카페 음료 쿠폰도 있었다. 벌써 좋아하는 라테를 마실 생각에 들떴다.

아침에는 유부초밥을 만들어 먹었다. 4인분 밀키트였는데 나와 동생이 반씩 나누어 먹었다. 동생은 다 먹지 못했지만 나에게 2인분은 거뜬했다. 좋아하는 프로그램을 보며 먹는 이 시간이 너무 좋아서 시간이 천천히 흘러 가기를 바랐다. 아침을 맛있는 음식과 좋아하는 것과 함께하는 시간이야말로 표현하기 어려울 만큼의 힐링이었다. 이렇게 사소한 것에서 올 수 있는 것이 행복이라서 모두가 이런 기쁨을 느낄 수 있기를 바랐다. 그 바람은 언제나 마음속에 있다. 모두가 행복했으면 하는 마음.

받은 책 중 꼭 읽고 싶었던 한 권을 꺼내 읽기 시작했다. 보통 제목만 보고 책을 편식하는 편인데 그런 마음을 내려놓고 읽었다. 돌이켜 보면 재미없는 책을 읽어 본 적은 없는데도 왠지 모르게 그런 책이 있을 거라는 편견이 나를 더 편식하게 만들었다. 문득 내가 책을 쓴다면 내 책도 누군가 그런 이유로 지나치지 않을까 상상해 봤다. 앞으로는 편식하지 말아야겠다.

읽고 읽어도 시간은 금방 가지 않았다. 대부분 책이 재미있으면 시간이 빠르다고 느껴지는 게 일반적인데 오늘은 반대로 느리게 흘러갔다. 아직 책을 더 읽을 수 있는 시간이 충분하다는 게 다행이었다. 이런 순간이 있다면 굳이 어디를 나가지 않고도 하루 종일 집에만 있고 싶어진다. 그래도 저녁에 있을 북클럽 1기 첫 모임이 예정되어 있었기에 집을 나섰다. 가는 도보에서도, 지하철 안에서도, 도착 전까지도 그 책을 손에서 끝까지 놓지 않았다.

책방지기, 북클럽 멤버들과 함께했던 시간은 기대 이상이었다. 혹시나 처음 참여한 분들이 흥미를 느끼지 못하면 어쩌지 하는 걱정은 괜한 것이었다. 오늘의 웃음소리는 여덟 배였다. 열심히 경청하며 고뇌하는 분이 계셨고, 자기 생각을 막힘없이 술술 풀어내는 분도 계셨다. 살면서 생각해 보지 않았던 주제로 이야기를 나누는 건 재미없을 수가 없었다. 그렇게 많은 정보를 얻어 가고 해 보지 않은 영역의 사고를 해 보니 소두인 내가 대두될 것 같은 기분이 들었다. 읽고 싶은 책이 생기고, 가 보고 싶은 장소도 떠올랐고, 함께 도전해 보고 싶은 용기가 마음속에 스며들었다. 이런 자리는 앞으로의 삶에 유의미한 자산이 될 것 같았다. 매일이라도 앉고 싶어졌다.

오랜만에 평일을 네 날 연속으로 쉬었는데 그 시간을 정말 알차게 보냈다. 한 점의 아쉬움도 없는 날들이었다. 그런 하루하루가 연속될 수 있었음에 그런 날들을 만든 나에게 고마운 마음도 들었다. 다가오는 시간이 어떤 얼굴을 하고 있을지 궁금해진다.

행복한 애를 쓸 것

눈 뜨자마자 두통이 왔다. 자기 전에 머리를 쥐어짜며 글을 쓴 탓일까. 이게 바로 작가의 고충인가. 드디어 글쓰기와 한 몸이 된 걸까. 기분 나쁘지 않은 고통이었다. 작가가 되고 싶은 마음이 있으니 이 정도 두통쯤은 견딜 수 있었다. 그렇지만 아마도 강렬한 꿈 때문일 것이다. 지나간 인연들이 꿈에 나왔다. 그다지 좋은 상황은 아니었던 것 같다.

그러던 중 청년 행정 인턴 월급이 백오십만 원가량 입금되었다. 이 월급이 들어오면 엄마, 아빠에게 오십만 원씩 드리겠다고 노래를 불렀었는데 오늘이 그 무대에 서는 날이었다. 용돈을 드릴 수 있는 날이 왔다. 출근길에 ATM 기기를 찾아

돈을 뽑았다. 두 군데를 돌았지만 한 번에 최대 삼십만 원 출금이 가능했고 지폐도 만 원권만 나왔다. 만 원권으로만 육십만 원을 뽑으니 주머니가 빵빵해졌다. 오만 원권으로 드리고 싶은 마음에 은행 문이 닫히기 전에 서둘러 방문했다. 결국 오만 원짜리 지폐 스무 장이 손에 쥐어졌다. 미리 챙겨 둔 봉투에 정성스레 넣고 출근했다.

엄마와 아빠, 그리고 내가 한자리에 모였을 때 짠하며 봉투를 꺼내 보였다. 아빠는 입꼬리가 하늘까지 닿을 듯 크게 웃으며 환호하셨다. 엄마는 웃음과 함께 눈물이 눈가에 맺히셨다. 그런 두 분의 모습을 보니 제대로 효녀가 된 것 같아 뿌듯했다. 스무 살이 끝난 지 얼마 되지 않은 내가 백만 원을 용돈으로 드릴 줄은 누가 상상이나 했을까. 앞으로는 더 많은 용돈을 드려야 할 것 같은 부담도 있지만 오늘만큼 나는 최고의 효녀였다.

일하면서 미래에 내 책이 생긴다면 어떤 제목을 붙일지 계속 고민했다. 챗 GPT에 부탁해 보기도 했다. "나의 행복한 일상이 담긴 책을 만들고 싶어. 사람들이 내 이야기를 읽고 행복했으면 좋겠거든. 어울리는 제목이 있을까?" 그랬더니 멋진 목표라고 칭찬해 주며 여러 제목을 추천해 주었다. '햇살이 머무는 시간', '너에게 들려주고 싶은 하루', '스물하나 페이지' 등 그런 좋은 제목을 내 글에 붙여도 될까 싶을 만큼 과분하게 느껴졌다. 언젠가는 내 책이 생기고 그 책에도 그런 좋은 제목을 붙일 수 있기를 바랐다. 생각만 해도 설렜으며 얼른 책을 만들고 싶은 마음이 앞섰다.

용돈을 받고 신이 나셨는지 회를 사 달라고 말하니 아빠가 바로 콜하셨다. 그렇게 퇴근하고 회를 먹으러 갔다. 아빠와 나는 해산물을 가장 좋아한다. 그래서 종종 가리비도 한가득 주문해 먹기도 하고 기분 좋은 날이면 오늘같이 회를 먹으러 나가기도 한다. 간장에 푹 찍어 먹는 회의 맛은 언제나 행복했다.

내일은 잠실에 있는 전시회에 가고 싶다. 그리고 하루만이라도 모든 사람에게 좋은 사람이 되어 보자고도 생각했다. 아마 입꼬리에 꽤 힘을 줘야겠지만. 일찍 일어나서 맛있는 갈비탕을 먹고, 기분 좋게 일할 수 있도록 분장도 해 주고, 전시 구경도 하며 힐링한 후 출근해야지. 벌써 내일 하루가 그려진다. 완벽한 그림을 완성하기 위해 나는 내일도 행복한 애를 쓸 것이다. 오늘도 여느 때처럼 불행이 없었기에 행복했다고 말할 수 있겠다. 그리고 스스로에게 속삭인다. 내일은 더 행복해지자고.

적당한 농도의 사람

　　내게 월요일마다 꼭 해야 할 일이 생겼다. 우연과감상 책방에서 진행하는 필사 모임 덕분이다. 여러 모임 중에서도 이 시간이 가장 좋았다. 구십 분 동안 잔잔히 흘러나오는 음악과 고요하게 글을 옮기는 행위가 참 좋다. 필사하다 보면 무슨 잡생각을 했는지조차 기억나지 않는다. 말 그대로 마음을 평온하게 해 주었다. 『적당한 농도의 사람』은 작가가 스쳐 지나간 생각들을 옮긴 책으로 보인다. 그 생각들은 내가 좋아하는 문장이 되었다. 제목마저 좋다. 적당한 농도의 사람이 무엇인지도 모른 채 그런 사람이 되고 싶어진다. 그 책을 필사하고 낭독하며 덧붙였던 대화들도 함께 기록해 보았다.

나: 저는 공감되는 문장을 위주로 필사했어요. 좋은 문장들이 참 많은데, 나중에 제가 쓴 필사를 읽으면서 '아, 내가 이런 생각을 했었구나.'를 알 수 있을 것 같아서요. 나중에 읽으면 그때 제 생각이랑 달라질 수 있기 때문에 초심을 잃지 말자는 마음으로 필사했습니다.

18-2.
어떤 문장들은 무의식 중에 사람을 움직이게 하는 힘이 있는 게 아닐까. 생각을 해 보면 허리를 펴라는 문장을 보고 허리를 펴지 않은 적은 단 한 번도 없는 것 같다. 그렇게 생각하면 무언가를 시키는 문장에는 정말 어떤 (마법 같은) 힘이 있는지도 모르겠다.

문득 남은 페이지들에 "행복하세요." 같은 문장은 없는지 찾아보았는데, 아쉽게도 그런 문장은 보이지 않았다. 고작 그런 문장 하나로 행복해지는 사람이 있을까 싶지만. 분명 그런 사람도 있을 것이다. 고작 문장 하나로 매번 허리를 힘껏 펴는 사람이 있는 것처럼.

나: "행복하세요" 같은 글을 보면 왠지 모르는 힘이 생겨요. 집 현관문 앞에 스티커로 '오늘도 수고했어'라는 글이 붙여져 있거든요. 그래서 집에 들어가기 전에 보면 또 기분 좋아지기도 하는데, 이런 생각이 들어서 필사해 봤습니다.

아무것도 하지 않은 날에 수고했다는 말이 의미 없게 들릴 수도 있지만 온전히 하루를 잘 보낸 것만으로도, 잘 먹고 잘 잔 것만으로도 충분히 수고한 거라고. 앞으로 더 수고스러운 하루가 온다면, 그때는 스스로에게도 수고했다고 말할 수 있기를 바랐다.

79.

요즘에는 '잘 살고 있음'의 기준이 너무 높아져 버려서, 잘 살고 있느냐는 질문마다 다들 '잘 못 살고 있다'라는 대답을 한다. 잘 못사는 사람들은 다들 각자 꿈을 위해 자그마한 일들을 하고, 자신의 자리에서 해야 할 일들을 열심히 하고, 종종 만나 화창하게 웃고 서로의 상처를 쓰다듬어 주기도 한다. 다들 너무나도 잘 살아내고 있는 것 같은데, 다시 물어도 다들 '잘 못 살고 있다'라고 대답한다. 다들 기준이 너무 높은 게 아닌지 의심이 드는데, 그 예쁜 모습들에 그런 말을 하기가 어려워서 매번 내 기준이 너무 낮은가 보다, 하고 만다.

나: 사람들한테 감정 이야기를 자주 물어봐요. 겉으로 보기에는 엄청 해맑지만 속으로는 비관적인 사람도 있고, 겉과 속이 모두 비관적이거나, 행복해 보이지만 삶과 사투 중인 친구들을 보면 괜히 속상해져요. 잘 먹고 불행하지 않은 날을 보냈다면 그건 충분히 잘 사는 게 아닌가 싶은데 모르겠다는 사람들도 있어서 그런 게 생각나서 적어봤습니다.

책방지기: 타인과 비교하는 삶은 나쁜 삶인가요?

나: 나쁜 건 아니고 예민한 편이 아닐까요. 나쁘다고 말할 필요는 없고 본인도 잘 살고 싶으니까 비교함으로써 더 잘 나아가려고 노력하는 거라면 좋은 쪽이 되겠죠.

책방지기: 이 얘기를 한 이유는 타인과의 비교하는 자신을 발견하게 되면은 더 불행해져요. 그러니까 기준이 되게 딱딱해진다는 거죠. 본인 스스로를 좀 많이 놓아줘야 하지 않을까? 비교하는 건 뭐 당연한 거니까 너무 힘들어하지 않았으면 좋겠다는 생각이 드는 거죠. 본인이 설정해 놓은 기준 때문에 그 기준에 계속 맞추려고 하다 보니까 더 힘든 경우가 많은 것 같아요.

논어(논어를 필사하신 분이다): 필사하신 거죠? 본인 생각 적으신 건 아니죠.

나: 책에 그대로 있는 문장이에요.

논어: 읽으시는데 마치 본인의 생각인 것처럼, 동화처럼 말씀하시는 것 같아서 궁금해졌어요. 그러니까 필사하다가 자기 생각을 쓸 수 있다는 거잖아요. 그래서 그 부분이 좀 흥미로웠고요. 정답이야 없겠지만 다들 잘 사려고 노력하고 있지 않은가 하고 저는 생각했습니다.

모두: 감사합니다. 짝짝짝.

물만으로 버틴 날

 최근 들어 많이 듣는 말이 있다. 너무 좋은 사람이야, 순순하니까 너무 편하고 좋다, 네가 행복하면 나도 행복하더라, 행복은 전염된다는 말이 진짠가 봐. 참 많은 사람이 나를 좋은 사람으로 봐주었다. 몸 둘 바 모를 정도다.

 하지만 나를 가장 힘들게 하는 건 괴리감이었다. 그 괴리감 덕분에 해야만 하는 감정 낭비는 괜스레 피곤하게 만든다. 좋은 사람이 되고 싶다고 그토록 노래하는 나인데, 정작 좋은 사람이라는 말을 들으면 괜히 부정하게 된다. 겉과 속이 똑같고 투명한 사람이 되고 싶은데, 과연 그런 사람이 되어가고 있는지 의문이 든다.

엄마, 많은 사람이 나 좋은 사람이라고 말해줘. 엄마 딸이 이래. 굳이 흐뭇해하시라고 과시했다. 내가 자존감이 높다고 말씀해 주셨다. 오히려 자신감이 점점 떨어지고 한없이 작아지는 나인데. 나태해진 며칠을 보내고 나니 글을 쓰는 것도 게을리하게 됐다.

겨우 눌러쓴 글을 버리지는 못했지만 아무에게 보여주지 않았다. 부끄러운 글이었다. 생각이 많아져 잠 못 드는 새벽이 찾아왔다. 새벽의 그 특유 감성으로 울컥하는 감정이 밀려오고 가슴이 답답해진다. 그동안 원통하게 받아온 상처들이 한순간에 스쳐 지나갔다. 생각이 많아지면 배고픔조차 잊는다. 물만으로 하루를 버틴 오늘이 그랬다. 며칠 전에 잘 다녀온 여행과는 무관하게 나를 덮쳐오는 감정의 순간은 잊을만하면 불쑥 찾아왔다. 내 상처는 너무 깊숙한 곳에 있어서 자주 꺼내 보기는 어렵다. 하지만 꺼내진 상처를 다시 꾹꾹 눌러 담고 나면 본래 나다운 모습에 가까워질 수 있음을 안다. 그래서 또다시 열 번쯤 마음먹는다. 상처는 부끄러운 게 절대 아니며 숨길 필요는 없겠지만 굳이 연연해하지 말자고.

오늘 읽은 『어른의 어휘력』에 이런 문장이 있었다. "울고 싶지만 울지 않고, 꿀밤 때리고 싶지만 때리지 않고 언어를 사용한다는 것은 감정을 품위 있게 제어할 수 있는 능력을 지녔다는 표시다. 자신의 감정이 무엇인지 인지하고 어디에서 연유했는지 파악하고 최종적으로 어떻게 대응해야 하는지 아퀴 지울 지성을 갖췄다는 뜻이다." 물론 내가 그런 사람이라는 뜻이 아닌, 그런 사람이 되고 싶은 마음으로 기록한다.

나답게 성실하게

 한동안 글쓰기를 하지 않았다. 급히 찾아온 무료함 속에서 성숙하지 못한 2주를 보냈다. 그래도 독서만큼은 포기하지 않았다. 글쓰기도 포기하고 싶지는 않았다. 머릿속에서는 매일 글이 맴돌았지만 손은 따라주지 못했다. 그런 괴로움 속에서 바쁘다는 이유로 쉴 명분만을 계속해서 찾고 있었다.

 학교 선배들과 동기들은 개강을 앞두고 싫은 소리를 늘어놨다. 나는 하루빨리 학교에 가고 싶었다. 일찍 일어나 규칙적인 생활을 하고 건강한 정신으로 하루를 보내고 싶었다. 뭐라도 하는 기분은 나를 살게 만든다. 관심 있는 분야의 수업을 듣고 공부하다가 수업이 끝나면 하고 싶은 것을 하며 시간을 채우고 싶었다.

오늘이 개강 날이었다. 편도 한 시간 오십 분의 통학 시간 동안 고대하던 독서를 했다. 수업은 여전히 지루했다. 버티면서 모든 수업이 끝난 후에는 카페를 방문했다. 좋아하는 노래와 맛있는 케이크, 그리고 공부. 그 세 가지가 함께하는 시간이 참 좋았다. 첫 오리엔테이션이 끝나자마자 당장 다음 주 발표 준비로 보고서를 쓰고 도중에 책도 읽으며 눈코 뜰 새 없이 바빴지만, 뭐라도 할 수 있다는 사실이 그저 좋았다.

카페에서 세 시간가량을 보내고 나서 어김없이 일하러 갔다. 하루나 일주일을 일하고 그만두어 버리는 사람들이 많아져서 16개월 동안 주 2회 이상은 빠짐없이 일해온 내가 가장 오래된 직원이 되어버렸다. 그 탓인지 갈수록 예민 지수는 솟아올랐다. 기분이 좋았던 날도 무례한 손님 한 명이면 하루 종일 넋이 나갔다. 일이 힘들다고 더 힘들게 일하시는 부모님께 투정 부렸다가는 매번 후회만 한다. 이 굴레에서 우리 가족이 하루빨리 벗어날 수 있기를 바랄 뿐이었다.

퇴근 후 술 한 잔으로 종종 하루를 달랜다. 퇴근 시간에 맞춰 와주는 친구들이 있을 때면 그만큼 행복한 순간은 없었다. 그렇다가도 다음 날이 되면 또다시 무기력함이 밀려온다. 그 무기력함을 이겨내고 싶어 글을 잠시 내려놓고 운동으로 극복하려 했던 시간도 있었다. 그렇게 지내온 요즘 다시 학교에 다니며 나답게 성실하게 살아야겠다고 마음을 다잡는다.

성장의 일부

 하고 싶은 것을 하지 못하는 결핍이 자꾸만 답답함과 분노로 치환되었다. 오랜만에 부족한 시간을 겨우 쪼개어 독서 모임에 참여하려던 마음에 들떴었다. 하지만 당장 며칠 뒤 또 다른 전공 수업 발표가 잡혀 부득이하게 취소해야 했다. 학교 수업이 끝난 뒤 홀로 연남동 일대를 산책하려던 계획마저 아빠의 아르바이트 대타 부탁으로 무너져 버렸다. 물론 하고 싶은 것만 하면서 살 수는 없다. 하고 싶은 것을 해야만 비로소 사는 느낌을 받는 사람이라 그런지 계속해서 실망감으로 하루를 채워 나가는 기분이었다. 독서로 겨우 달래보려고 해도 쏟아지는 피로에 집중조차 제대로 할 수 없었다. 책 덕분에 감정 조절을 잘하고 있다고 믿어왔던 지난날들이 무색할 만큼 자꾸만 무너졌다.

행복하게 지내자고, 내가 행복하고 다른 사람들도 행복하길 바라던 그때의 내가 온데간데없이 사라졌다. 그 시절의 나를 찾느라 바빴다. 핑계일지 몰라도 스스로 걱정될 정도로 낯설었다. 일관성 있는 사람이 되고 싶었는데 한없이 작아져 버렸다. 매 순간이 행복이었는데, 그런 날들을 행복하다고 말할 수 있었는데 최근에는 그렇지 않았다. 불행하다고 느끼는 건 아니지만 행복하다고 느끼지 못하는 내가 되었다.

새벽 두 시가 넘어도 끝나지 않는 대학 리포트 과제를 하는 동안 계속해서 글쓰기가 아른거렸다. 하삼분 모임과 내 이야기를 쓰는 시간만큼은 정말로 놓치고 싶지 않았다. 결국 과제를 멈추고 글을 쓰는 것을 선택했다. 며칠 전 한 친구가 내 블로그 글을 정주행하며 하나씩 댓글을 남겨줬다. 덕분에 내가 어떤 글을 썼었는지 오랜만에 되짚어볼 수 있었다. 몇 개의 문장을 읽으면서 내가 이렇게 썼었나 싶어 약간의 감탄을 자아내기도 했다. 친구의 댓글로 다시 한번 글쓰기의 동기부여가 되어주었다. 칭찬은 나를 춤추게 한다. 자신감이 붙으면 열정도 뒤따른다. 날이 갈수록 풍부해지는 내 경험, 그리고 꾸준히 쓰면 필력이 좋아질 거라는 믿음이 앞으로의 날들을 기대하게 만든다. 잠깐 행복하지 않으면 뭐 어때, 이것도 성장의 일부인 걸. 그 사실만 알아도 내가 덜 힘들 수 있지 않을까.

무의식의 입꼬리

 그리웠던 순간을 다시 마주한 기분은 결코 돌고 돌아 행복이었다. 내게서 영영 떠나지 않을 단 하나의 감정이 있다면, 그건 단연코 행복이다. 평생토록 행복과 살 수 있다면 얼마나 좋을지 막연한 바람이지만 막연하지 않기를 바랐다. 며칠을 저조하게 보내고도 이렇게 다시 행복해질 수 있는데 그 며칠이 왜 그렇게도 버거웠을까. 불행은 왜 늘 행복보다 더 크게 느껴지는 건지. 억울하고 속상할 따름이다.

 정말 별거 없이 그저 좋아하는 것들과 혼자 있는 시간이 그리웠다. 좋아하는 장소에서 그토록 바라던 글을 쓰고 좋아하는 책방의 향기가 계속해서 아른거렸다. 몇 시간 잠들지 못한 날이지만 오늘이 아니면 분명 후회할 것 같았다. 내 사전엔 후회가 없고, 하고 싶은 건 당장 실천해야 하는 나라서 수업이 끝나자마자 해방촌으로 향했다. 가는 내내 미소가 새어 나왔다. 꼭 좋은 날이 아니더라도 무의식적으로 입꼬리를 올리며 걷는 습관이 있다. 행복이 무의식까지 번져버린 걸까. 우스운 일이지만 꽤 괜찮은 버릇 같다.

친구들과 지난번에 많은 사람으로 가지 못했던 카페에 갔다. 수업을 들으며 카페에서 트인 풍경과 지는 해를 볼 생각에 괜스레 마음이 붕 떠 있었다. 상상 하나가 현실이 될 때도 이리 좋을 때가 있다. 그런 상상만 하며 살 수만 있다면 얼마나 행복할 수 있을까. 스토리지에서 산 책을 펼쳐 읽으며 그 순간을 누렸다. 앞으로는 이런 순간이 다시 오지 않을 수도 있다. 그 감정을 다시 느끼지 못할 수도 있기에 매 순간을 아끼며 하루하루를 충실히 보내기로 했다. 그러면 인생의 아주 작은 일부이더라도 그 일부만큼은 미련 없이 남아줄 테니까. 과거의 그리움을 반복하기보다는 새로운 감정과 장면들을 맞이할 수 있을 테니까.

문득 오늘 있었던 '현대사회와 심리학' 수업 시간이 떠올랐다. 교수님께서 호명하시며 세 가지 질문에 답해달라고 하셨다.

1. 학과와 이름, 좋아하는 것
2. 자신을 동물 또는 식물, 캐릭터에 비유한다면 무엇을
3. 이 수업에서 가장 기대되는 주제

당연하게도 모든 질문을 독서와 글쓰기, 작가로 답할 준비를 했다. "아동학과 홍승지, 독서를 즐깁니다. 지금 떠오르는 동물은 개미입니다. 뭐라도 해야 하는 강박이 있어서 쉴 틈 없이 움직이는 개미에 저를 비유해 봤습니다. 글을 잘 쓰려면 자기 자신에 대해 잘 알아야 해서 '자기'에 관한 수업이 가장 유익했던 것 같습니다." 멋지게 생각해 봤지만 말할 기회는 끝내 오지 않았다.

어느새 어둠이 진 해방촌은 더없이 아름다웠다. 한 책의 작가님이 좋아하는 장소로 꼽은 녹사평역 육교 위를 올라가 볼까 하다가 말았다. 안 가면 후회할 것 같았지만 '사랑하는 사람과 같이 가봐야지.' 하고는 후회하지 않았다. 좋은 생각으로 가득 찼던 오늘이었다. 어쩌면 오늘은 내가 그리워하던 나를 다시 만난 날인지도 모르겠다.

가득 찬 알맹이

새로운 한 주가 시작되면 어떤 일들이 벌어질지에 대한 기대가 뒤따라온다. 굳이 불길한 생각은 하지 않는다. 아침에 정성스레 머리를 묶고 방문을 나서면 반려조 앵무새가 격하게 나를 반긴다. 푸드덕거리며 날아와 내 머리 위에 안착하면 발가락으로 내 머리카락을 꼭 움켜쥐며 떨어질 줄을 모른다. 그런 애를 잡아 들어 올리면 내 머리카락도 같이 쭈욱 빠져나온다. 어렵게 묶은 머리인데…. 그래도 귀여우니 봐준다.

지옥철이라고 불리는 아침 출근 시간대에도 나는 종착역에서 출발하는 덕분에 내릴 때까지 앉아서 갈 수 있다. 가는 동안 가져온 책이 재미있어서 단 한 번도 졸지 않았다. 중간중간에 피식 웃다가 민망해지기도 했다. 사십오 분이 금세 지나갔고 월요일 첫 출발부터 왠지 예감이 좋았다. 월요병 없이 가뿐하게 시작한 하루. 원래 그런 병이 없는 편인데 행복하다고 말하는 나를 보며 당황해하는 친구의 반응이 괜히 웃겼다.

네 시간 동안 연강 세 개를 마친 뒤 좋아하는 동기 언니와 늦은 점심을 함께했다. 그 언니는 방학 때부터 일주일에 두 번 있는 테니스 수업을 듣고 있었다. 많은 운동 중에 왜 테니스를 선택했는지 물었고 그 과정에서도 내게 꽤 의미 있는 대화가 오갔다. 아르바이트하며 친해진 연상 오빠도 이십 대에는 운동과 악기 연주, 여행을 즐겨 하셨다는 말이 떠올랐다. 동기 언니도 하고 싶은 것 여러 개 중에 하나는 꼭 하자는 마음으로 시작했다고 했다.

나름 틈틈이 독서와 헬스를 병행해 왔지만 오랫동안 해오던 부모님 식당 일을 그만둔 결심한 것처럼 새로운 무언가를 도전할 결심도 하고 싶었다. 운동 중에는 농구를, 악기 중에서는 피아노를 좋아한 나의 과거가 문득 떠올랐다. 언니에게 추천받은 성인 농구 클래스를 찾아보고 집에서 한동안 손대지 않은 피아노도 생각했다. 그리고 용기가 나지 않아 망설이기만 했던 글쓰기 워크숍에도 참여해 보고 싶었다. 또 나는 어떤 하고 싶은 일들이 있을까. 하나씩 다 해보고 싶다.

의미 있던 점심 식사를 마치고 잠시 엄마 대신 식당 주방을 봐 드렸다. 바쁘지 않아서 일찍 집으로 돌아가는 길에 남동생의 러브콜을 받았다. 평소 과묵하고 친구와의 약속도 거의 없는 동생이 오늘은 같이 운동하러 가자며 먼저 연락을 해왔다.

현실 남매처럼 서로 무심한 듯 지내지만 내게는 하나뿐인 소중한 동생이다. 그런 동생이 함께하자고 하면 놓칠세라 꽉 붙든다. 혼자 해오던 운동을 둘이 함께하니 괜히 오기가 생겨 더 열심히 했다. 피곤하지 않을 수 없었지만 알맹이 가득 찬 하루였다. 내일은 어떤 색의 알맹이들로 채워질까.

잊지 못할 여행

    우연과감상 책방의 글쓰기 모임에 다녀왔다. 글쓰기의 주제는 '잊지 못할 여행'이었다. 주제를 보자마자 2월에 혼자 다녀온 춘천 여행이 떠올랐다. 유독 행복했던 2월이었다. 나름으로 열심히 살았다고 생각한 1월의 나에게 주는 작은 보상이기도 했다.

    경춘선을 타고 가는 길이 아직도 그림처럼 선명하다. 가는 동안의 창밖은 갈색빛이었다. 아직 끝나지 않은 추운 겨울이었고 나무들은 모두 옷을 벗고 있었다. 다행히 그날은 하늘이 기분 좋았는지 강마저 푸른빛을 띠었다. 푸른 계절은 아니었지만 꿋꿋하게 자리를 지키는 나무들을 보며 나도 꿋꿋한 사람이 되어야겠다고 결의했다.

이 여행 덕분에 나에게 집중하는 시간을 가질 수 있었다. 계속해서 나와 소통하며 서글픈 감정 한 줌 없이 다녀온 어여쁜 여행이었다. 그 겨울 중 가장 추운 날이었지만 마음만은 유난히 따뜻했다.

　때로는 바깥세상이 아닌 내면을 여행하는 것도 의미 있는 경험이지 않을까. 내 마음을 여행하는 것도 잊지 못할 추억이 될 수 있지 않을까 하는 생각이 들었다. 늘 부산스러운 내 마음을 들여다보며 여행해 보겠다는 발상은 처음이었지만 왠지 할 수 있을 것 같았다. 마음은 남들이 절대 들여다볼 수 없는, 오직 나만이 설계할 수 있는 소중한 곳이다. 어떤 마음들을 정리하며 마음을 먹어 보기도 하고, 버리거나, 말로도 뱉어볼 수 있다. 이렇게 하나씩 해나갈 때마다 나는 되고 싶은 사람에 한 걸음 더 가까워질 수 있었다. 좋은 사람이 되어가는 과정에는 늘 먼저 마음이 있다. 어쩌면 나는 지금도 내 마음을 여행 중인지도 모르겠다.

　가만히 생각해 보면 가장 친한 존재는 가족도, 친구도 아닌 내 마음이다. 그런데 친구들을 만나는 횟수보다도 내 마음을 회피하고 무시했던 날들이 더 많았던 것 같다. 괜히 미안하면서도 앞으로는 내 마음이 품고 있는 감정들을 가볍게 여기지 않기로 다짐해 본다. 그러다 보면 무시당한 나보다 나다운 내가 더 많아지지 않을까. 언젠가 여유로운 내가 되어 있을 모습을 그려본다. 우리는 어쩌면 여행이 필요한 게 아니라 나 자신에게 돌아갈 시간이 필요한지도 모른다.

아주 다르지 않게

 이성혁 작가님의 '같이 시작하는 에세이' 워크숍에 다녀왔다. 간단한 수업을 들은 뒤 짧은 글을 쓰고 나머지는 과제로 작성해 오는 방식이었다. 주제는 나의 이야기, 나 자신에 대해 쓰는 글이었다.

 2005년, 서울의 동쪽 끝. 아파트 단지와 낮은 산들이 어깨를 맞댄 동네에서 태어났다. 특별할 것 없는 동네였고 특별할 것 없는 아이로 자랐다. 그럼에도 오래도록 특별한 사람이 되어야 한다는 마음을 품어왔다. 어쩌면 난청을 얻게 된 덕분에 사람들의 말을 뚫어져라 경청하는 태도를 가질 수 있었다. 자연스레 어떤 사람이 되어있을지 또한 미래를 자주 들여다보게 되었다. 멈추지 않는 삶을 당연하게 여겨왔다.

아직도 선명하게 기억나는 수험 생활이 끝난 뒤 대학에 입학했다. 그리고 사회 초년생이 되어 늘 증명하고 싶었다. 무엇을 잘할 수 있는지, 얼마나 성실하고 쓸모 있는 사람인지. 지금도 여전히 끊임없이 생각한다. 그렇게 10개월을 쉬지 않고 달렸다. 수업을 마치자마자 밥 먹을 틈도 없이 출근했다. 공강과 주말마저 투잡, 쓰리잡으로 채웠다. 처음에는 괜찮았다. 막연하게 자리 잡은 '1억 모으기'라는 목표 하나로 수면 시간을 줄여가며 새벽 전단지도 돌렸다. 스스로에게 놀랄 만큼 강한 체력을 가졌다고 느꼈다.

하지만 계속된 노동에 점점 지쳐갔다. 몸보다 마음이 먼저 무너지고 있었다. 혼자 있는 시간이 간절해진 어느 날 습관처럼 당근마켓을 둘러보다 우연히 책 한 권을 손에 쥐게 되었다. '책방이 싫어질 때'라는 독립출판 서적이었다. 그 책 덕분에 처음으로 독립출판이 무엇인지도, 독립 서점이라는 공간도 알게 되어 새로운 꿈을 품을 수 있었다. 이 글을 쓰고 있는 지금 4월로부터 불과 두 달 전의 일이다. 그 짧은 시간 동안 나는 많이 달라진 사람이 되었다.

혼자만의 시간을 처음으로 지켜야 할 약속처럼 여기게 되었다. 쉬는 게 죄처럼 느껴졌던 시기를 지나 지금은 커피 한 잔을 마시며 조용히 책장을 넘기는 시간이 나를 살리고 있다. 책을 많이 읽다 보니 내 이야기를 꺼내고 싶은 마음에 꾸준히 글을 쓰기 시작했다. 거창한 목표 없이 그날의 감정과 마음속 울림을 조용히 적어 보는 것이다. 온전히 나를 위한 말을 쓴다. 가끔은 내 책이 어떤 모습일지 상상도 해 본다. 따뜻한 위로를 건네는 사람이 될 수 있을지 고민하며 오늘을 살아간다.

    2학년이 되며 전공 공부가 본격적으로 시작되었다. 쌓이는 과제와 어린이집 봉사 실습까지 더해져 글을 쓸 시간은 겨우겨우 쪼개야 했다. 사실대로 말하자면 책을 읽고 글을 쓰느라 해야 할 일을 미루고 있는 셈이다. 예전에는 내가 글을 쓰게 될 줄 상상도 못 했지만 이제는 쉽게 포기하고 싶지 않은 일이 되었다. 새로운 문화를 접하면서 독서 모임과 독립 출판 작가님의 글쓰기 모임, 에세이 워크숍 등 다양한 모임에도 용기를 내어 참여하고 있다. 처음엔 걱정도 많았지만 그런 마음이 무색할 만큼 좋은 기억이 하나둘씩 쌓여가고 있다.

    앞으로도 나의 인생 좌우명인 'Make a day'처럼 하고 싶은 것들을 놓치지 않고 원하는 하루라는 그림을 그리며 지금과 아주 다르지 않게 살아가고 싶다. 소소한 행복을 자랑스럽게 여길 수 있는 날이 항상 찾아오진 않겠지만 아직은 그 마음을 잃고 싶지 않다. 행복은 누구나 한 번쯤 들어봤을, 먼 곳에 있는 것이 아니니까.

노을 한 자락

스스로 묻는 습관이 있다. 주된 질문은 이렇다. '오늘도 안온한 하루를 보냈는가?'. '오늘도' 그런 하루를 보냈느냐고 물은 건, 그런 하루를 이미 여러 번 보냈다는 입증이기도 하다. 내 세계의 질서 속에서 무사히 대학 수업을 끝마치고 해방촌으로 향했다. 우리 집에서 한 시간 반을 가야만 하는 먼 동네지만 집 앞 동네보다도 더 자주 가는 곳이다. 사랑하는 동네 하나쯤 있다는 건 마음을 치유하는 데 얼마나 큰 도움이 되는 일인가. 특히 해방촌의 노을을 좋아한다. 그곳을 갈 때마다 단 한 번도 노을을 보지 않고 돌아온 날이 없었다.

나를 소개하는 하나의 키워드가 있다면 혼밥일 것이다. 어릴 적 기억을 새록새록 떠올리며 엄마가 비싼 것만 먹는다고 잔소리하시던 탕짜면을 먹었다. 그리고 노을 뷰 맛집이라고 소문난 빌라커피바에 갔다. 창가를 마주 보는 테이블은 4인석이었지만 빈자리가 많아 욕심을 내 보았다. 신청해 둔 이성혁 작가님의 글쓰기 워크숍 수업 시간 전까지 커피를 마시면서 책장을 넘겼다. 나는 이 시간을 사랑한다. 좋아하는 동네에서 전망을 바라보며 트인 마음속에 살포시 문장들로 채워본다. 따뜻한 마음을 유지할 수 있는 건, 어쩌면 이런 순간들 덕분일지도 모른다.

오늘도 어김없이 각자 쓴 글을 공유하고 이야기 나누는 시간은 참 좋았다. 어느 정도 예상했던 이 따뜻한 분위기를 현장에서 직접 마주한 감정은 확신으로 바뀌었다. 독립출판에 관심을 두기 시작한 이후 처음으로 작가님을 만난 날의 여운이 아직도 가시질 않는다. 정말 해맑은 미소로 인사해 주셨다. 과제로 써온 내 글을 찬찬히 읽어주시며 더 완성도 높은 방향으로 이끌어 주셨다. 그분께 보답하는 방법은 하나뿐이다. 그런 작가가 되는 것. 나에게 책을 만들어야 하겠다는 마음을 품게 해 준 사람. 안온한 하루를 보냈다고 말하기에는 턱없이 부족한 표현이다.

아직 집에 읽지 못한 독립출판 책이 많은데도 결국 사고 싶었던 책 한 권을 또 품에 안았다. 산뜻한 발걸음을 옮겨야 하는 길이었지만 아쉬움이 가득했다. 누가 내 발목에 모래주머니를 달아 놓은 건 아닐까 하는 착각도 해봤다.

도시 속 숨겨진 별들을 생각했다. 하나씩 반짝여 볼 나의 앞으로가 기대되기 시작했다. 이제 시작인 거야. 아직 늦지 않았으니 서두르지 말자.

꽃 피는 봄

 오늘은 무슨 글을 쓸지 고민하며 메모장을 열었다. 영감을 받으면 떠오르는 문장을 바로바로 메모해 두는 편이다. 하지만 샤워 중에 떠오른 것처럼 바로 적지 못하는 상황이 있다. 침대에 누워 '내가 그때 무슨 생각했더라?' 해 보지만 잊어버린 날은 새벽 내내 괴롭다. 불과 하루 전이 그런 날이었다.

 며칠 전엔 한 문장을 놓지 않고 곱씹고 있다. 최근에 읽고 있는 『불투명한 문』에서 도통 머릿속을 떠나지 못하는 문장이다. "이해한다는 말은 언제나 미심쩍은 예행이지, 주어도 목적어도 인간일 수 없는 불가능의 동사일 뿐." 사실 이해라는 건 본인의 선택이지 남에게 바랄 수도, 강요할 수도 없는 것이다. 우리는 모든 것을 다 이해하며 살 수 없고, 이해하려 노력할 수밖에 없다. 내가 생각하는 이해의 의미가 맞는지 한동안 저 문장을 뚫어져라 바라보며 이해하려고 노력했다. 항상 이해하려고 노력한다.

스스로를 이해하는 데에도 버거움을 느끼고 있다. 마지막에 쓴 몇 편의 글만 봐도 심적으로 지쳐있음을 나도 알 수 있었다. 그러다 아침에 헌 옷을 정리하기 위해 나선 작은 움직임이 오늘 하루를 바꾸어 놓았다. 3개월 만에 모처럼 일정 없는 주말이었다. 혼자 잠시 놀며 지친 마음을 달래보고자 잠실에 갔다.

알라딘에 가서 헌책을 팔았다. 이만 오천 원이라는 적지 않은 돈을 받고 서점에 들렀다. 그동안 읽고 싶었던 최진영 작가님의 『단 한 사람』, 그리고 팔로우하고 있는 작가님의 『결국, 마음에 닿는 건 예쁜 말이다』 두 권을 샀다. 좋아하는 책방에 가서도 세 권을 더 골랐다. 사실 오늘 밖에 나가지 않으려 했다. 남아 있는 통장 잔액이 바닥을 보이기 시작했기 때문이다. 돈을 아끼고자 나가기 싫은 마음조차 들고 있기 싫어서 그냥 나와버렸다. 일종의 자기 반항이었다.

책을 마구 사고 나니 마음이 조금 가벼워졌다. 책을 들고 석촌호수 둘레길을 걸었다. 그 위를 걷기도 하면서 나무 사이로 비치는 호수를 바라보았다. 사람들이 너무 많아서 알아봐 둔 카페를 모두 돌고서야 겨우 자리에 앉을 수 있었다. 밀린 업무를 보면서 카페라테를 마셨다.

해가 저물어갈 무렵, 저녁은 혼자 먹기 싫어서 친구를 부모님 가게로 불렀다. 같이 있으면 내면이 건강해지고 긍정적인 기운을 주는 참 좋은 친구다. 가게에 도착하니 좋아하는 얼굴들을 볼 수 있어서 좋았다. 손님이 너무 많아서 원피스 차림으로 일을 도와주기도 했다. 일당 대신 밥 사주겠다는 아빠 덕분에 친구와 함께 고기를 먹을 수 있었다.

   그렇게 하루가 흘러갔고 오랜만에 진심으로 행복을 느낄 수 있었다. 숨죽여왔던 내 행복이 오늘 만개했다. 내 마음이 언제나 꽃피는 봄이었으면 좋겠다.

어린 모습의 색채

 글을 쓸 때 보통 마지막 문단에 꽉 찬 희망을 불어넣는다. 자기 전에 잠이 오지 않아서 써온 글들의 마지막 문단만 읽어본 적이 있다. 이상하게 내가 쓴 글인데도 언제 이렇게 썼는지 모를 대견함과 위로가 되어 주었다. 행복 수집가가 된다며, 살면서 뒤로 걷는 일은 없길 바란다며. 듣고 싶은 말만 들을 수 있는 것이 장점이라던 나는 억지로 세상과 연결되려 애쓰지는 말자고 적어두기도 했다.

 "어디로 갈지 정해져 있지 않은 길이라도 나의 길이고, 앞으로 나아가는 것임은 틀림없다고 믿는다."

이런 희망찬 글들을 쓴 시기는 불과 4개월 전, 1~2월쯤이다. 누군가 내게 다시 돌아가고 싶은 순간이 있냐고 물으면 항상 없다고 대답해 왔다. 현재가 중요했기 때문이다. 지금은 끝없이 과거와 미래를 들여다보고 있으니, 그때로 돌아가고 싶다고 생각하게 되었다. 그 시기의 나는 스스로의 가치를 조금씩 알아가고 있었다. 혼자서도 잘 지낼 수 있는 사람이란 걸 깨달았고 겨우 시간을 내어 여행을 떠날 줄 아는 고단함의 미학도 알았다. 다시 생각하면 신기한 일이다.

누군가 내가 요즘 힘들어 보이는 건 성장통이라고 말해 주었다. 생각지 못한 대답이었다. 항상 어른스러워 보이고 싶었고, 생각보다 말과 행동이 아주 어리다는 걸 스스로 알고 있었다. 그게 누군가를 실망하게 할까 봐 두려웠다.

"어린 모습에서 묻어 나오는 색채도 있어. 대책 없이 굴었다고 어리고 무책임하다고 생각할 수 있지만, 나는 가끔 그런 대책 없는 희망가에 위로받을 때도 있거든. 앞뒤 하나도 안 따지고 어릴 수 있는 나이 맞잖아."

가끔은 아니 생각보다 자주 사람들의 기대에 미치지 못할까 봐 두려울 때가 있다. 할 수도 있는 실수를 그저 실수라고 여기는 게 아직은 쉽지 않다. 이런 마음을 품고 있는 것만으로도 다행일 것이다. 기대에 부응하려는 노력조차 없었다면 지금과는 아주 다른 사람일 것이라고. 노력이 참 좋다. 노력은 내 한계를 알 수 없게 해준다. 그래서 그르지 않은 길로 하염없이 걷고 싶다. 노력을 노력할 것이다.

한 번은 이런 글을 쓴 적이 있다. "행복하게 지내자고, 내가 행복하고 다른 사람들도 행복하길 바라던 그때의 내가 온데간데없이 사라졌다. 그 시절의 나를 찾느라 바빴다. 핑계일지 몰라도 스스로 걱정될 정도로 낯설었다. 일관성 있는 사람이 되고 싶었는데 한없이 작아져 버린 것 같다. 매 순간이 행복이었는데, 이제는 행복을 찾는 사람이 되어 있었다."

어떻게 항상 행복만 할 수 있겠어
굳이 행복을 찾으려 하지 않아도
사소한 순간에 맞이할 수 있는 게 행복인데
그저 그 행복을 반길 준비만 하자

시간의 흐름

반복되는 따분한 일상에서 새로운 것을 보고 느끼고 싶었다. 기말고사 주간이지만 공부하지 않은 나는 뻔뻔하게 오늘 시험이 끝나면 어디로 갈지 지도를 보며 흡사 지리 공부를 했다. 혼자만의 시간을 즐기는 편이다. 오늘도 함께할 사람을 굳이 찾지 않았다. 그렇더라도 내가 아직 외로움을 잘 느끼는 사람인지 아닌지는 분간이 되지 않는다. 언제나 혼자서도 잘 지내는 사람은 아니기 때문이다.

가끔 망원에 가보고 싶다고만 생각해 왔지, 아직 한 번도 가보지 못했다. 작업할 공간을 찾던 중 망원에 예쁜 카페가 많다는 걸 알게 되었다. 밝지도 어둡지도 않고 좁지 않은 곳. 경치가 어떻든 간에 창문은 크고 확 트인 인테리어를 좋아한다. 사실 아무 카페나 가는 사람이었던 내가 글을 쓰면서 점점 작업 환경에 예민해지고 나만의 기준이 생기게 되었다.

 망원 지튼에 도착해 좋아하는 크림 라테와 에그타르트를 주문했다. 커피를 고르는 기준 또한 있다. 컨디션이 좋은 날에는 아이스 아메리카노를 먹지 않겠다고 스스로와 약속했기 때문이다. 오늘은 마음 상태가 좋았다. 가끔은 꼭 정해진 틀 안에서만 사는 즐거움만이 과연 이로운지 생각해 보기도 했다. 자유로운 방랑의 삶을 살지 못하는 나는 마음마저도 나를 닮아 방랑하지 못한다.

 그래서 미리 생각해 두었던 카페 창가 자리에 앉아 햇빛을 받아 반짝이는 나뭇잎들을 바라보았다. 그리고 묵묵히 휴학 계획서를 썼다. 올해 하반기에는 지금처럼 꾸준히 글을 쓰고 1인 출판사를 설립하는 것. 내년 상반기에는 책을 출간하는 것. 운동과 여행은 꾸준히 하기로 마음먹었다. 마음만 먹으면 무엇이든 할 수 있다는 걸 스스로도 잘 알기에 계획을 세우는 일이 어렵지만은 않았다.

 gaga77page와 이후북스를 둘러보며 각각 두 권씩 책을 샀다. 독립 서점을 방문하면 항상 두 권 이상은 사야 마음이 편해진다. 캔들 상점에도 들러 예쁜 캔들과 나무판자를 샀다. 망원시장에서는 사천 원짜리 칼국수를 먹었다. 느린 걸음으로 거리를 스치며 좋아하는 작가님들에게 디엠을 받기도 하고, 블로그 댓글을 읽으니 마음의 결이 따뜻해졌다. 언젠가 나도 작가라고 불리게 되는 날이 오겠지. 꿈에 가까워지고 있는 것만 같았다.

바쁘게 흘러가는 사람들 틈에서 나만 천천히 걷는 듯한 기분이 들 때면, 지금 이 순간을 제대로 살아가고 있다는 안도감이 들기도 한다. 세상은 항상 무언가를 증명하라고 말하지만 이렇게 가만히 머무르고 좋아하는 일을 하는 건 내가 존재한다는 증거가 되어 주니까. 좋아하는 것들을 보고 듣고 느끼며 시간의 흐름을 만지는 게 얼마나 다행스러운 일인지 모른다. 소중하다고 느끼는 것들 앞에서는 꼭 미소를 짓고 싶다. 매일 미소를 지으며 살아가고 싶다.

어른이라는 말에 담긴 오해

조급함의 독백

 무엇이 그리 급해 내 마음의 모습은 항상 뒷모습을 보이는 걸까. 단지 잘 살고 있을 미래의 내 모습이 아닌 지금 이 순간을 잘 살아가고 있는 것임을 바랄 뿐인데. 어떤 순간엔 내가 살아가고 있다는 게 너무 급하게 느껴질 때가 있어. 시간은 속절없이 흐르고 나는 그 속도에 따라잡으려 애쓰고 있는 기분. 이렇게 하루하루를 보내다 보면 언젠가는 내가 원하는 어른에 가까워질 수 있을까.

 그래도 가끔은 그 조급함 속에서 내가 잊고 있는 걸 깨닫기도 해. 내가 무엇을 놓치고 있는지, 무엇이 중요한지. 그리고 무엇보다 내가 지금 이 순간을 얼마나 소중히 여겨야 하는지.

살아가는 게 이렇게 쉽지 않다는 걸 알지만 그럼에도 나는 계속 걸어가야 한다는 걸 알아. 조급함 속에서 조금씩 나아가는 걸 느끼며 하루를 보내. 그리고 지금도 잘하고 있다는 걸 잊지 않는다면 그 어떤 것보다 완벽할지도 몰라.

바라던 대로 살고 있는가

　2주간 하삼분 - 하루 삼십 분 독서, 글쓰기, 운동을 인증하는 온라인 모임 - 이 끝나고 오늘부터 새로운 기수가 시작되었다. 매일 글을 쓰다 보니 습관이 자연스레 자리 잡았다. 하삼분 모임을 그만할 이유가 없었다. 2주간 다시 매일 글을 쓰기로 했다.

　아침을 먹고 에브리데이몬데이 갤러리의 '막힌 곳에서 열리는 길 Paths Opening from Dead End' 전시회를 보러 갔다. 7인의 작가가 각자의 멈춘 길과 도전의 순간을 표현한 작품들이었다. 그 취지를 생각하며 열심히 작품을 들여다봤다. 아직은 깊이 이해하기 힘든 예술 세계였지만 잠시라도 그 세계에 머무르고 싶었다. 괜히 가슴도 우람해졌다. 모든 아름다운 작품은 그토록 고군분투하며 어떻게 자기 생각을 깊이 표현할 수 있을까. 나는 어떠한 방법으로 표현하게 될까.

어릴 적 나는 하루빨리 어른이 되고 싶은 아이였다. 하고 싶은 걸 마음껏 할 수 있는 나이가 되기를 바랐다. 가장 길게 품었던 꿈은 제과제빵사가 되어 빵을 만드는 일이었다. 성숙해지고 싶었고 더 예뻐질 내 모습을 기대하기도 했다. 그저 어른이 되어 하고 싶은 것을 업으로 삼아 자유로이 세상을 누비는 상상을 자주 했다.

지금 나는 바라던 대로 살고 있는가. 비록 현실을 깨닫고 제과제빵사의 꿈은 진작에 접었다. 나머지 소원들은 서서히 이루어지고 있다. 아이를 좋아해서 아이와 함께하기 위해 노력하고 있다. 새로운 경험을 쌓고자 걸으면 걸을수록 신선한 세상과도 마주하고는 한다. 내게 찾아온 나를 표현할 수 있는 글쓰기 덕분에 새로운 꿈도 꾸기 시작했다. 전부 실천하지는 못했지만 어릴 적 나처럼 다시금 그런 어른이 되고 싶어 하기로 했다. 바라는 대로 살고 싶다. 나날이 어른다운 어른이 되고 싶다.

나를 표현하는 방법은 글쓰기였다. 글을 쓰면 쓸수록 더욱 좋은 사람이 되어가는 것만 같은 기분이 든다. 그런 나의 모습이 부끄러우면서도 점점 좋아지고 있다. 앞으로의 몇 달간, 몇 년간, 그리고 평생의 글쓰기는 행복해질 수 있는 도구로 내 곁에 남기를 바랐다. 의무감이 들지 않도록, 힘들어지지 않도록.

이 글을 읽는 당신도 무언가에 얽매이지 않고 행복을 좇는 사람이 아닌 행복을 추구하는 사람이 되었으면 좋겠다. 냉혹하고 매서운 세상일지라도, 하루의 단 십 분 만이라도 나만의 행복한 세상을 지어간다면 그 세상에서만큼은 충분히 살 만해질지도 모른다.

잘 사는 기준

 맑은 눈을 가지지 못해도 세상을 맑게 바라볼 수 있을까. 아니면 세상이 맑지 않기에 그런 눈을 가지려 노력해야 하는 걸까. 그런 세상은 어떤 얼굴을 하고 있는지 문득 궁금해진다. 아무리 마음의 눈은 맑다 해도 어제부터 좋지 않은 공기 탓에 그만 독감에 걸려버렸다. 무거운 몸 이끌고 마지막 수업에만 출석했다. 38도가 넘어가는 열기와 함께 과제 발표를 마치고 집으로 돌아왔다. 많이 아팠지만 묘하게도 기분이 썩 나쁘지 않은 하루였다.

 잠에 들기 위해 폰을 내려놓고 눈 감는 순간, 불현듯 이런 생각이 들었다. '나는 잘 살고 있나.' 잘 사는 기준이 무엇인지도 모르면서 걱정부터 앞선다. 가끔은 정직하지 못한 순간도 있다. 그런 순간이 한 번이라도 있다면 잘 살지 못한 것인지, 혹시나 상대방에게 상처가 되었을 말은 없었는지. 조심스럽게 되돌아본다. 나의 선택이 불러온 죄책감은 나를 더 괴롭혔다. 그 고통을 벗어나고 싶어서 안달이 나고 그러면 또 회피형 인간이 되어가는 것만 같고.

잘 살고 있지 않더라도 부모님을 생각하며 부끄러운 사람은 되지 말아야겠다고 되새긴다. 그 한 가지만 잘 지켜도 잘 사는 기준의 반은 넘지 않을까. 아직 오지도 않은 먼 미래를 상상해 본다. 훗날 내 아이가 지금의 나와 같은 삶을 살아간다면 나는 기꺼이 괜찮다고 말할 수 있을까. 그렇다고 대답할 수 있는 사람으로 살아가려고 한다.

소망의 파도 속에서

 눈 깜빡할 사이에 또 한 주가 지나갔다. 매번 월요일이면 하루를 아깝지 않게 잘 살아보자며 다짐하곤 한다. 내일은 또 어떤 다짐을 하게 될까. 아침부터 웃을 수 있는 사람은 얼마나 될까. 모두가 무탈하게 미소로 하루를 시작하고 마무리할 수 있기를 바라본다.

 요즘에 꽂힌 책 한 권이 출근길을 더 당차게 만들어주었다. 스토리지 책방에서 산 안화용 작가님의 『적당히 솔직해진다는 것』이다. 페이지를 넘길수록 안화용 작가님이 어떤 사람인지 궁금해졌다. 내가 좋아하는 문장의 끝맺음과 담대한 말투 속 단단한 시련의 흔적들. 그 문장들이 잠시 구석으로 밀어두었던 책 만들기라는 내 목표를 다시 끌어올려 주었다. 비록 속도는 현저히 느려졌지만 글은 꾸준히 쓰고 싶다. 언젠가는 나의 책이 지금의 나와 같은 꿈을 꾸는 사람에게 작지만 확실한 힘이 되길 바랐다.

하고 싶은 것들은 여전히 많은데 이제야 생계의 무게를 실감하고 있다. 넉넉하지 않은 형편 속에서도 마치 넉넉한 척 살아온 것만 같다. 등록금을 마련하기 위해 고생하시는 부모님을 볼 때마다 죄송한 마음이 커진다. 그래서인지 16개월 만에 오늘을 마지막 출근을 앞두고도 나 자신이 부끄러워졌다. 오픈 준비, 홀 서빙, 주방 조리, 숯방 관리, 마감 청소까지. 모든 파트를 감당할 수 있는 사람은 나뿐인데 내가 떠난다는 것이 부모님께서는 청천벽력 같은 소식일 것이다. 아빠는 그래도 그동안 내가 고생한 거 다 안다며 고마워하셨다. 주방에서 마감까지 종종 눈물을 보이시던 엄마에게는 내가 평일에 시간 날 때마다 대타를 해 드리기로 했다. 스무 살이 시작되던 해처럼 올해도 일만 하며 보내고 싶지는 않았다. 하고 싶은 것들을 원 없이 해보고 싶었고 지금이 아니면 하지 못할 경험을 다 해 보고 싶었다. 그렇게 살기로 했다.

책과 글쓰기에 더 가까이 머물고 싶다. 독립출판과 작가님들을 만나지 않았다면 몰랐을 서울국제도서전에 가볼 생각에도 벌써 신이 났다. 느낌 좋은 카페에서 새로운 독립출판 신작을 읽는 시간, 한동안 멀어졌던 독서 모임에 다시 참여하는 시간, 혼자 국내 여행을 떠나보는 시간이 모두 설렌다. 돈과 시간에 구애받지 않는 하루를 보내고 싶다. 나에게 여유로운 마음을 선물하고 싶다.

멋 모르던 시절

　날이 갈수록 내 머릿속은 미래를 더 앞서갔다. 얼마 전까지만 해도 내 길이 확실하다고 믿었다. 미래는 밝을 것으로 생각했고 그 길을 걷고 있다고 확신했다. 과거형이 된 이유는 이제는 그 믿음이 흔들린다. 앞길을 걱정해야 할 시기가 왔다. 세상의 구속과 압박을 피해 자유 속에서 지혜를 찾겠다고 했지만 정작 어디로 가야 할지 모른 채 헤매고 있다.

　언젠가 나에게도 '그때는 멋 모르던 시절이었지' 하면서 지금을 회상하는 날이 올 것이다. 그렇다면 지금 나는 멋 모르는 시절을 지나고 있는 걸까. 내면마저 늙어가는 동안 멋을 아는 때를 맞이할 수 있을까.

한동안 그런 생각에 잠겨 있었다. 그러다 2월에 부모님 식당 일을 그만둔 이후로 남은 아르바이트마저 그만두었다. 곧바로 경주로 떠나고 있다. 해외여행도 아니고 특별한 목적지도 아니지만 나에게는 이런 국내 여행이 소중하다.

홀로 처음 여행을 떠났던 2월은 지금보다 더욱 정신없는 나날을 보내던 와중에도 풍경을 음미할 수 있었다. 지금은 창밖을 바라볼 생각조차 들지 않는다. 바깥 풍경이 스쳐 지나가지만 내 머릿속은 그 어떤 장면도 붙잡지 못했다. 나는 지금 여유가 있어서 시간을 흘려보내는 걸까, 아니면 여유가 없어서 다른 생각조차 할 겨를이 없는 걸까. 답을 찾지 못하고 있다.

다행히도 막상 도착하면 즐겁게 여행할 모습이 그려진다. 새벽에 시작하는 이 여정이 헛된 수고가 아니길 바라며 커피를 홀짝인다.

어딘가로 향하는 마음 하나를 품고

 미성년자라는 틀에서 벗어나자마자 무작정 자유를 외쳤었다. 무작정이었기에 일 년이 지난 지금은 여전히 자유의 의미를 찾아 헤매고 있다. 모처럼 외출하는 날 바닥에 놓인 잔잔한 정적 속 비둘기가 홀로 걷고 있었다. 유리문 너머로는 전철이 지나갔다. 사람들의 그림자가 어렴풋이 비쳤다. 이 장면을 사진으로 남기고 집에 돌아오는 길에 다시 들여다보았다. 불안한 환경 속에서 자유를 횡단하려는 비둘기의 모습에서 내가 보였다. 자유를 피하지 않고 그 위를 걷는 것처럼 스스로 경계를 뚫고 나아가는 느낌이었다.

비둘기의 발걸음은 느슨하고도 자유로웠다. 나 역시 안정과 혼란 사이를 오가며 때로는 나답게 때로는 모방하기도 한다. 누군가에겐 그저 스쳐 지나갈 도시 속 풍경일지라도 누군가에겐 이마저도 삶의 한 장면이라고 말할 것이다. 생각해 봤다. 삶의 의지가 조금이라도 있다면 우리는 의무 속에서 살아가는 것이고 자유는 없는 것일 수도 있다고. 하지만 우리는 당연하다는 듯이 어딘가로 향하려는 마음 하나로 버티며 자유를 찾고 있다.

아침 눈을 뜨고 울리는 알람을 끈다. '십 분만 더'라는 생각에 뒤늦게 몸을 일으킨다. 세수하고, 옷을 입고, 밖으로 나가며 별다른 것 없는 하루를 산다. 누가 보면 규칙적인 일상이라고 하겠지만 그 속에는 내가 선택한 많은 자유가 숨어 있었다. 지하철에서 노래를 고를 수 있다는 것, 출근길에 마주치는 풍경을 어떻게 바라볼지는 오직 나에게 달려있다는 것, 수업이 끝나고 어디를 갈지 결정하는 것. 이런 사소한 결정들 속에 내 삶의 방향키가 숨어 있었다.

종종 이유 없이 좋아하는 동네를 돌아다니거나 카페에 앉아 바깥 풍경을 바라본다. 그 누가 시키지도 강요하지도 않은 시간을 보낸다. 오로지 혼자만의 선택이란 사실이 이상하게 뿌듯할 때가 있다. 물론 삶에는 해야 할 일이 많고 져야 하는 책임은 늘어만 간다. 하지만 그 속에서도 나는 해야 할 일, 하고 싶은 일을 적당히 섞어가며 하루를 만들어 간다. 이를 지겹고 도망치고 싶을지라도 나는 작지만 단단한 자유라고 부르고 싶다.

돌이켜보면 내가 성인이 되었을 때 외쳤던 자유는 무색하게 매 순간에 스며들어 있는 것이었다. 바쁘게 지나가는 하루 속에도 내가 나로서 존재할 수 있게 작은 자유들을 소복이 쌓아가는 것. 결국 인생도 그렇지 않을까. 거창한 일을 해낼 때보다 매일 소소한 순간을 내가 어떻게 다루느냐에 따라 내 자유의 모양도 나만의 색으로 완성되어가는 것.

그 비둘기를 보며 한참을 생각했다. 자유는 누군가가 만들어 준 공간이 아니라 직접 가로질러 나가야 하는 여정이란 것을. 완벽한 용기를 가지진 못했지만 그럼에도 매일의 불안 속에서 한 걸음씩 나아가고 있다. 그게 어쩌면 나만의 방식으로 자유를 횡단하는 길일지도 모른다. 오늘도 나는 조금 두렵지만 어딘가로 향하는 마음 하나를 품고, 내 하루를 건너간다.

살아낼 내일

 괜찮은 척 애쓰는 시간으로 가득 채운 오늘을 보냈다. 정말 괜찮은 줄 알았는데 괜찮은 것 같다고만 되뇌고 있었다. 진짜 괜찮았다면 애초에 스스로 괜찮다는 의식조차 하지 않았을 텐데.

 어제와 오늘 밤을 친한 동네 친구와 함께 시간을 보냈다. 아파트 단지 안의 벤치에 나란히 앉아 서로 그동안 말하지 못한 것들을 토로해냈다. 그 친구를 알게 된 지 4년이 지났고, 그사이 우리는 참 많은 것이 달라져 있었다.

 고등학생 시절을 회상하며 "너도나도 그땐 참 순수했었는데"라고 말했다. 고작 성인이 된 지 2년이 지났을 뿐인데 그 친구는 많은 부분이 무너져 있었고 나는 많은 가치관과 생각이 변해 있었다. 세상이 변하고 시간도 흘러가니 나도 당연히 달라질 수밖에 없다는 걸 알면서도 괜히 허무해졌다. 돌아보면 사람 덕분에 변했고 사람 때문에 달라졌다. 앞으로 내가 더 얼마나, 어떻게 변하게 될지 막연한 두려움이 밀려온다.

지나오며 놓쳤을 많은 것을 하나씩 다시 주워 보려 한다. 억지로 세상 물정 모르던 시절로 돌아가고 싶은 건 아니다. 그저 그때보다 조금 더 나아지기 위해 과거를 회고하기로 했다. 오늘은 같은 노래를 반복 재생하며 무기력하게 내던져 놨으니 내일은 던져진 이 세상을 진심으로 살아봐야겠다.

변해가는 나를 받아들이는 게 아직은 익숙하지 않다. 하지만 변화는 내가 어른이 되어가고 있다는 증거일지도 모른다. 때론 아프고 낯설어도 결국은 나를 더 견고하게 만들 거라고 믿고 싶다. 그러니 내일은 오늘보다 조금 더 나를 믿어보려 한다.

내일을 위한 기대를 품고

 새벽 세 시가 되도록 최근에 푹 빠진 한 곡만 반복해서 들었다. 그래도 충분한 숙면 후 학교에 가기 위해 나설 즈음, 갑자기 속이 쓰려왔다. 보통 극심한 스트레스를 받으면 가장 먼저 몸에서 신호가 온다. 응어리가 쌓인 건 없다고 생각했는데 그리 좋지 않은 마음 상태임을 알았다. 가는 동안 새벽 내내 들었던 그 노래만 계속 들었다. 며칠을 꼬박 한 곡만 들은 건 처음이라 왜 그런지 곰곰이 생각해 봤다. 이렇게라도 해야 아무 생각이 들지 않고 오롯이 가사에 집중할 수 있었다.

 그래도 나름 어제와 오늘을 나쁘지 않게 보냈다. 어제는 엄마가 곧 퇴근하실 때 나를 부르시더니 금은방에 데려가셨다.

귀금속을 좋아하는 엄마는 내가 성인이 될 때 선물해 주고 싶어 하셨던 목걸이와 반지를 오늘에야 비로소 성취하셨다. 그렇게 내가 좋아하는 로즈골드로 원래 차고 다니던 귀걸이와 팔찌를 제외한 반지 두 개와 목걸이로 치장을 완성했다. 그리고 평생을 하나의 음식만 먹을 수 있다면 주저 없이 고를 초밥을 저녁으로 먹었다. 피곤하셨을 텐데 엄마가 참 고마웠다.

그래서 나도 보답으로 고이 숨겨 두었던 현금 백만 원을 봉투에 담아 드렸다. 형편이 그다지 좋지 못해서 일을 그만두고 난 후로는 용돈도 받지 못했기에 적금을 깼다. 그때 같이 엄마께 드리고자 인출했었던 현금이다. 일 년이 넘도록 엄마 식당에서 아르바이트하며 곁에서 지켜보니 엄마의 월급만큼은 내가 드리는 용돈으로 채워주고 싶었다. 벌써 엄마가 오래오래 건강하게 살아주시길 바랐다.

오늘은 대학교 중간고사를 치르고 곧바로 가게로 갔다. 엄마를 조금이라도 일찍 퇴근시키고 싶었다. 매번 기력이 없이 지친 엄마의 모습을 보자니, 보는 나도 힘들어져서 주방과 설거지는 내가 모두 담당하기로 했다. 속절없이 흘러가는 시간을 원망하는 날들이 계속되었다. 하지만 엄마는 시간 속에 갇혀 살겠지. 그 사실이 마음 아프게 했다.

설거지 마감을 하고 나니 늦은 밤이었지만 이내 헬스장으로 향했다. 오늘도 어김없이 운동해야겠다는 생각이 들었다. 그 생각이 든 이상 꼭 운동하러 가야 했다. 한 번 들어버린 생각을 몸소 이루지 않으면 죽는 병이라도 걸릴 것처럼 괴롭다.

삼십 분 동안 달리기를 마치고 맥주 네 캔을 샀다. 엄마와 나란히 소파에 앉아 한 캔씩 사이좋게 한 모금을 나누었다. 하삼글, 하삼독, 하삼운, 하삼맥(하루 삼십 분 맥주) 어느 하나 빠뜨리지 않고 어제의 다짐대로 성실하게 오늘을 살아냈다. 이보다 더 완벽한 하루는 내일이 될지 기대를 품고 잠에 들어야겠다.

나다워지는 때

내 삶에 생기를 불어넣어 주고자 소설을 읽고 싶었다. 진부한 것보단 새로운 재미 요소를 받아들이고 싶었다. 『불투명한 문』, 『소설보다 봄』.... 좋아하는 서점을 둘러보며 손에는 책이 한 권씩 늘어났다. 이십 분은 걸어야 나오는 한강에도 갔다. 가는 길에 카페를 들러 아메리카노 한 잔을 사 들고 거리를 거닐었다. 하루 종일 비가 오더니 오늘은 초여름처럼 화창하고 푸른 날씨였다. 그런 날씨에 다사로워지면서도 마음은 두서없었다.

하릴없이 걸었다. 자꾸만 올라오는 수많은 생각이 고통스러워 노래 볼륨을 키우고 강을 바라보며 멍때렸다. 앞으로 달라져야 할 것만 같은 부담감에 내가 어떻게 바뀌어야 할지 끊임없이 되새겼다. 만인에게 좋은 사람이 되고 싶은 욕심은 점점 커진다. 반성하고 싶어서 잘못한 것도 없으면서 괜히 고집을 부린다.

   사람들의 이야기를 다 들어주고 싶지 않다. 무심히 던진 말들이 심장 언저리에 박히는 순간을 수없이 겪어왔다. 모진 말을 알아채고 거르는 능력이 있었더라면 지금처럼 상처에 익숙한 사람이 되지는 않았을 텐데. 오히려 더 나은 건가 싶기도 하다. 마음을 쓸어내리며 그럼에도 여전히 삶의 방향을 묻는다. 무엇을 더 애써야 할까.

   문득 난 혼자서도 참 잘 논다는 걸 새삼 알 것 같았다. 하기 싫은 것, 하고 싶은 것 가려가며 나 자신과 노는 게 그리도 재밌다고 떠난다. 그 길이 깊은 동굴이 아닌 강 너머로 이어지기를 바랐다. 오늘은 꽃잠에 들기를 바라며 햇빛을 천천히 흡수하고 청량한 강의 반짝임을 마음 한편에 조심스레 담아두었다.

여전히 되어가는 중

　종종 되고 싶은 사람들을 생각해 왔다. 좋은 사람, 투명한 사람, 이해하는 사람. 자아는 하나인데 보이고 싶은 모습은 참 다양하다. 그런 바람들 사이에서 천천히 키워가고 있다. 불과 몇 달 전까지만 해도 어떤 사람이 될지 그리 깊이 생각해 본 적이 없었다. 요즘에야 비로소 세상을 바라보는 깊이가 달라졌음을 느낀다. 세상에 맞서기보다 그 속에서 잃고 싶지 않은 나를 그려나가고 있다. 그 그림은 조용히 내 마음 한구석에 자리를 잡았다.

　많은 인연이 스쳐 지나가며 점점 잃어가는 내 모습이 안타까워 보였던 순간이 있었다. 감정에 휩쓸려 스스로를 제어하지 못하고, 하고 싶은 것을 하지 못한 결핍들이 지금의 가치관을 빚어냈다. 좋은 사람이란 어떤 사람인지 계속 고민할 수 있게 해주었다.

보통 이런저런 사람을 보면서 '나는 저런 사람은 되지 말아야지' 하고 다짐하곤 했다. 다른 사람의 말을 듣기 어려워 자기 이야기만 늘어놓는 사람, 상대의 감정을 헤아리지 않고 무심히 내뱉는 사람, 자신이 처한 난감한 상황에서 도움을 기대하기만 하면서도 상대의 어려움에는 무심한 사람, 나는 할 수 없다고 쉽게 선을 그어버리는 사람. 말하자면 더 많겠지만, 이 정도를 하지 않는 것만으로도 충분히 좋은 사람이지 않을까.

그런 사람이 되고 싶다고 마음먹은 건, 어쩌면 나 역시 그런 따뜻함을 받고 싶었다. 세상이 조금 기칠게 느껴질 때마다 좋은 사람이 되고 싶다는 바람은 더 거세진다. 마냥 피하기만 할 수는 없다. 맞서야 할 때는 용기 내는 것이 좋은 흐름이라고 믿는다.

되어가는 과정에서 좋고 투명한 사람이 되기 위해 부단히 노력했다. 때로는 착해 보이고 싶어서 참았고 솔직해지려다가 오해를 사기도 했다. 사람을 실망하게 하고 나 자신을 속인 날은 후회했다. 그래도 다시 일어선다. 그런 수많은 날을 지나며 아직은 완벽하지 않지만 분명 그 노력은 나를 좋은 사람으로 이끌 거라고 믿는다.

어린 날의 나에게

2025.05.05

오랜만에 손글씨로 일기를 써야겠다 싶어서 날짜를 적어 보니 어린이날이었다. 오늘이 어린이날이라는 사실을 마음에 담아두지 않았다. 이렇게 글과 마주 앉아 적고 나니 마음이 뭉클해졌다.

토요일부터 월요일까지 연휴 내내 바쁘게 부모님 식당 일을 도왔다. 근 두 달 동안 많은 일이 있었고 많은 것이 바뀌었다. 행복한 날들도 있었지만 매일 행복할 수는 없었고 억울한 날들도 많았다. 굳이 불행했다고 하기보다는 억울했다고 말하니, 나 참 정말 억울했구나 싶다. 원통하기까지 했다.

아르바이트를 그만두고 새 사랑을 시작했다. 그러나 그 사랑은 오래가지 않았다. 오래 가고 싶지 않았기 때문이다. 그동안 내 가치관과 마음가짐이 많이 달라졌고 여러 공부와 봉사로 바쁘게 보내고 있다. 그럭저럭 지내는 중인데도 이보다 더 평온할 수는 없겠다고 느낀다. 그저 만족하며 지내고 있다.

요즘 나의 최대 고민은 돈이다. 종합소득세 환급 신청하면서 2024년에 내가 천오백만 원을 벌었단 사실을 알게 되었다. 2025년 1, 2월의 소득까지 더하면 이천만 원에 가까이 이르렀다. 알고 싶지 않았던 사실이었다. 지난날들을 후회하고 싶지 않았다. 육백만 원은 적금에 들어있었고, 그중 삼백만 원을 부모님께 용돈으로 드렸다. 이제 내게 남은 현금은 오십만 원. 하나 남은 적금에는 이백삼십만 원이 있다. 그동안 열심히 모아둔 돈으로 당분간은 쉬어도 괜찮겠다 싶었지만, 우리 집 형편이 그러지 못했다. 또다시 아르바이트를 여러 개 뛰어야 했다. 돈을 모으는 법을 알았으니 쓰는 법도 배워볼 만한데도 엄두가 나지 않는다.

그럼에도 하나 후회하지 않는 것이 있다. 무언가를 꾸준히, 그리고 열심히 살아왔다는 것. 고등학교 3학년 시절, 석 달 동안 매일 새벽 다섯 시에 일어나 열 시간씩 공부했고, 스무 살에는 10개월 동안 일했으며 5개월은 하루도 빠짐없이 일했다는 것. 이제는 그 꾸준함의 자리에 글쓰기와 독서가 함께하고 있다. 별거 아닐지도 모르지만 나는 이 부분에서만큼은 스스로가 대견하다고 말하고 싶다. 그 기억들이 있기에 내가 어떤 일을 도전하더라도 두려워하지 않고 나아갈 수 있는 자신감이 생겼다. 아빠와 술을 마실 때도 주된 대화는 늘 이렇다.

"뭐든지 경험이 중요해. 열심히 해야 그 기억으로 살아가고 혼자서도 뭐든 할 수 있어. 우리 딸이 벌써 깨달았다는 게 참 대단하다고 생각해"

요즘 들어 자존감이 많이 낮아졌다는 생각이 들었지만 이래저래 하소연하듯 털어놓고 나니 '자존감이 낮아질 이유는 없겠구나'를 새삼 느꼈다. 나는 충분히 대단한 사람일 것이다. 이런 나를 잃지 않고 잘 쥐어가고 싶다. 오늘도 많이 고생했다고 토닥여 본다.

어쩔 수 없는 것 앞에서

　이백만 원이 들어있던 적금 세 개 중, 어느덧 하나만이 남았다. 수중에 들고 있는 현금은 이만 원도 채 되지 않았기에 결국 마지막 적금을 깰 수밖에 없었다. 사실 어제 그 적금을 깨기 싫은 마음이 온종일 나를 짓눌렀다. 지칠 때마다 찾았던 한강에 갈지 잠시 고민했지만 몸마저 무거워져 결국 가지 않았다. 방 안에서 혼술로 겨우 마음을 달래야 했다. 그 돈은 내가 얼마나 애써왔는지를 방증하는 것이었기에 더 쓰기 어려웠다.

　그 적금은 머지않아 내 이야기를 세상 밖으로 내놓는 데 필요한 자금이었다. 글을 쓰면 쓸수록 내 감정은 조금씩 맨살을 드러냈다. 세상에 이렇게 노력하는 사람도 있다는 것. 나라는 사람이 존재한다는 걸 보여주고 싶은 마음이 점점 더 커졌다. 그 꿈을 돈이 없다는 이유로 미뤄야 한다는 건 견딜 수 없을 것 같았다. 마음 한구석을 뜯어내듯이 적금을 깼다. 하루가 지나자 어제의 무거움은 다소 옅어졌지만 그 순간만큼은 쉽지 않았다. 어쩔 수 없는 선택이었다. 다시 방학이 오면 쓰리잡을 뛸 생각이다. 하루 종일 일하며 악착같이 돈을 모으고 그렇게라도 해야 마음이 편해진다. 이 또한 어쩔 수 없는 선택이다.

요즘 또 다른 고민은 휴학이다. 부모님은 세월이 아깝다며 반대하신다. 전공 특성상 졸업하면 보육교사 자격증을 받을 수 있어 어린이집에 취업할 수 있지만 주변의 이야기들을 들을수록 불안은 커진다. 퇴근 후에도 자기 시간이 없을 것이라고. 밤새워 해야 할 업무도 많을 거라고 한다. 혼자만의 시간이 반드시 필요한 내게는 버거운 일이다. 그래서 한 학기 먼저 사회복지학을 연계전공해 두는 게 취업의 길을 넓히는 방법이라고 판단했다. 하지만 내가 진심으로 듣고 싶은 전공은 문예창작과였다. 짧은 고민 끝에 지금의 전공을 살리는 길을 택했다. 문예창작은 교양 수업으로 만족하기로 했다.

휴학하는 그 일 년 동안 얼마나 알차게 보낼 수 있을까. 가장 큰 목표는 시간이 지나 다시는 꺼내기 어려울지도 모를 내 이야기를 글로 묶어내는 것. 그 시작을 상상할 때면 과연 나는 내 이야기를 세상에 드러낼 자격이 있는 사람인지부터 의심이 들었다. 혹시 보이지 않는 어딘가에서 누군가 내 글에 공감하지 못하거나 무심히 넘긴다면, 나라는 존재 자체가 부정당하는 것만 같을 테니까. 그런 두려움이 마음을 서서히 물들이고 있다.

그날 밤, 좋아하는 이성혁 작가님의 SNS에서 '무엇이든 물어보세요!' 질문을 남기는 스토리에 이끌렸다. 망설임 끝에 조심스럽게 내 마음을 남겼다. 믿기지 않게도 좋아하는 사람에게서 지금도 잘하고 있다는 위로가 도착했고 선뜻 도와주시겠다는 따뜻한 응답과 함께 작은 숙제까지 받았다. 스스로를 의심하던 내 마음이 무색할 만큼 뭐든지 해낼 수 있을 것 같았다. 오랜만에 용기가 났다. 내 인생의 터닝포인트가 되어주신, 진심으로 감사한 분이다. 나도 언젠가 그런 사람이 될 수 있을까.

그래서 오늘 하루만큼은 꼭 기록해 두고 싶었다. 늦은 새벽 이렇게 다시 글 앞에 앉았다. 언젠가 나도 한 사람의 마음과 시간을 움직이는 사람이 되고 싶다. 나로 인해 누군가가 용기를 얻고 조금 더 행복해질 수 있다면 좋겠다. 그러기 위해서 먼저 내가 용기를 줄 수 있고 누구보다 행복한 사람이 되어야겠다고 다짐한다.

후회를 안고 걸을 수 있는 용기

 1월부터 써왔던 글들을 다시 하나씩 열어보며 교정과 교열 연습을 시작했다. 읽으면 읽을수록 글에서 묻어나오는 그때의 감정과 추억이 새록새록 떠올랐다. 학교로 가는 지하철 안에서도 그 작업은 계속되었다. 노트북을 열어 옆자리에 피해가 가지 않도록 팔은 최대한 오므렸다. 화면에 집중하다 보니 어느새 서대문역에 도착해 있었다.

 서대문역에서 내려 한 번 더 버스를 타야 한다. 학교로 가는 버스 안의 시간을 좋아한다. 비어 있는 창가 좌석에 앉아 헤드셋을 끼고 좋아하는 노래를 들으며 창밖을 바라보는 고요한 시간. 이때만큼은 휴대폰을 방해 금지 모드로 설정하고 들여다보지 않겠노라 스스로와 약속한다. 하지만 오늘은 그 약속을 지키지 못했다. 창밖의 풍경을 바라보다가 스멀스멀 올라오는 생각들을 잊지 않기 위해 결국 메모장을 열었다.

'한 번 이런 글을 쓴 적이 있다. 후회하지 않을 선택을 하고, 끝내 후회하지 않으려 한다고. 오늘은 후회라는 감정에 집중한 덕분일까. 버스 창문 너머 흔들리는 나뭇잎들을 하염없이 바라보았다. 길을 걷다가 하늘에 떠 있는 한 점의 구름도 오래도록 바라보았다. 따가운 햇빛을 피하지 않고, 내리쬐는 대로 살갗에 붙였다. 앞으로도 나는 후회하지 않을 선택을 하려 애쓸 텐데 정작 후회하지 않을 수 있을지 바보처럼 되뇌인다.'

후회라는 감정이 두렵지 않았던 시절이 있었다. 어떤 선택을 하더라도 뒤따라오는 결과를 있는 그대로 받아들일 수 있었기에 무서운 것이 없었다. 아마 그땐 선택의 크기도 지금보다 작았던 것 같다. 이제는 이십 대의 삶을 좌우할지도 모를 중요한 선택을 앞두고 있다. 그 선택으로 인해 후회하게 되진 않을지 걱정이 커진다.

그날 저녁에는 우연과감상 자유책 독서 모임을 갔다. 그동안 글쓰기 모임만 신청해 오다가 오랜만에 책에 관해 이야기를 나누려니 조금 긴장되기도 했다. 북클럽 1기가 끝나갈 무렵에 마지막으로 신청한 독서 모임이기도 했다. 여섯 명이 모였고 여섯 권의 다양한 책이 모였다. 간단한 자기소개 후 각자 책 소개와 함께 나누고 싶은 주제로 이야기를 이어갔다.

나: 지금 대학생 2학년이고요, 제가 14개월 동안 아르바이트로 얼마나 벌었는지 계산해 보니까 이천만 원 가까이 되더라고요. 그 정도로 학교 끝나자마자 열심히 일하다 보니까 심적으로 너무 지쳐서 책을 읽게 되었는데, 지금은 독서가 습관이 되어서 꾸준히 책을 읽고 있습니다. 아직은 책에 관심이 많은 친구가 없어서 모임을 알아봤었어요. 그러다가 지금 이렇게 만나 뵐 수 있게 된 것 같습니다.

책방지기: 네, 반갑습니다. (모두) 짝짝짝.

모임에선 자기소개가 늘 필수다. 그래서 매번 똑같은 소개는 지루할까 봐, 나름대로 살짝 바꿔 소개하곤 한다. 그런 소소한 재미를 느끼는 것도 모임의 시작 부분을 좋아하는 이유 중 하나다. 책방지기의 소개도 매번 어떻게 바뀔지, 무얼 하며 지내는지 귀 기울이며 듣는 재미가 있다. 내가 소개한 책은 정현지 작가님의 『마음을 안는 마음』이었다. 이 책으로 함께 나누고 싶었던 주제가 있었다. "비록 응원을 받지 못하더라도, 스스로를 나아가게 하는 힘은 어디서 오는가?" 작가님은 주저앉아도 다시 일어설 수 있도록 글이 살려주었다고 말한다. 그 문장에 큰 위로를 받았고 함께 나눠보고 싶었다.

싯다르타: 부모님의 반대에 묶여서 타협하고 또 타협해서 내가 하고 싶은 일을 했고 지금 취미생활 하면서 월급 받는 기분이거든요. 돈 많이 못 버는 직업을 가진 게 아니라 취미생활을 하는데 돈도 버는 거다. 이렇게 생각하면 좀 나아갈 수 있는 것 같아요.

휴식의 말들: 좋아하는 것을 업으로 삼으면 그 일이 싫어진다는 게 딱 맞아요. 그래서 출판 시장도 사실 좋지가 않죠. 좋지가 않은 데 저는 한 번 해봤기 때문에 후회가 없습니다. 그래서 지금 더 삶이 단단하다고 생각하거든요. 이게 성공을 꼭 해야 한다, 이런 생각보다는 내가 그래도 해봐야지. 왜냐하면 나이가 들어 그때 못 했던 걸 해 볼까 하고 후회가 돼요.

다른 분들도 내 이야기를 들으며 자신의 경험담을 나누고 따뜻한 조언도 건네주셨다. 어디서 쉽게 들을 수 없는 어른들의 이야기를 한자리에 모여 들을 수 있다는 것이 이 모임의 가장 큰 매력이었다. 내 인생이 굳이 스무 살, 서른 살의 정해진 코스를 따를 필요는 없다는 말, 다른 삶을 체험해 보는 것도 나에게 훌륭한 자양분이 된다는 말을 마음에 품었다.

지금은 실컷 후회해도 괜찮다고 믿기로 했다. 나중에 후회하지 않기 위해서라도. 오늘 나에게 필요한 건 완벽한 선택이 아니라 후회를 안고도 걸어갈 수 있는 용기였다. 이토록 흔들리면서도 결국 나는 나아가고 있었다. 완벽하지 않은 날들이라도 마음을 다해 살아낸 시간은 결코 후회로 남지 않을 것이다.

아프지 않은 낙사는 있을 수 없을까

바뀌어야 한다는 마음
그 어떤 고집과 나아가려는 욕심 사이에서
자주 갈팡질팡한다

어느 방향이 맞을지 희미한 선 중간에 서
또 한 번 헤매기 시작한다

어느 순간에 무슨 생각과 마음을 먹어야 하는지 틈 사이에서
그래왔듯 또 방황한다

어중간한 감정으로 6월의 애매한 날들 사이에서
표류하는 신세가 되어본다

대체 어디로 가야 할까
어디로 가야 선택을 잘했다고
최선의 길을 걷고 있다고 박수갈채를 받을지

어쩌면 난 내 중심이 아닌 남들 시선에 따라
흘러가는 퍼즐 같은 장난감일까
나는 사람들의 장난감이 되어줘야 할까

지조가 있는 사람이 되고 싶다
그러려면 아직은 한참 어린 어른일 뿐이다

나에겐 어른이라는 단어조차 어색하고
어른이 되려면 한동안 더 길을
잃어봐야 할 텐데

길을 잃어 한 번은 낙사해 봐도 될 것 같은데 말이다

오래도록 듣고 싶은 발걸음 소리의 형태

 여름이 시작되고 나를 가장 먼저 맞이한 건 감기였다. 더위를 잘 먹는 나는 금세 어지러움을 느꼈고 선풍기 바람을 맞으며 시체처럼 자주 널려져 있는다. 그러다 잠들어버리면 어김없이 목은 따가워진다. 목감기는 꼭 코감기를 데리고 온다. 떼려야 뗄 수 없는 이런 단짝을 본 적이 있었나.

 늦은 새벽에 잠들었음에도 눈이 일찍 떠졌다. 이제 학교에 가지 않으니 엄마의 깨움이 잦아지기 시작할 것 같다. 오늘이 그 첫 깨움이었다. 문자와 부재중 전화 두 통이 찍혀 있었다. 1인 출판사 창업을 위해 개인사업자 신청을 했었으나 신청 전에 출판사 신고부터 해야 했다. 이런 신고 절차를 한 번도 밟아본 적이 없으니 어렵게만 느껴졌다. 아는 게 없어도, 잘 몰라도 천천히 알아가면 되지 않을까. 뚜벅뚜벅 걷는 이 발걸음 소리를 오래도록 듣고 싶어졌다.

출판사 신고필증을 신청하기 위해 송파구청으로 갔다. 집을 나설 때는 비가 오지 않았는데 버스를 타고 가는 동안에는 거세게 내렸다. 엔진 소리인지 빗소리인지 구분할 수 없었지만 책을 읽다 말고 한 번씩 창밖을 바라보는 시선이 즐거웠다. 모처럼 하고 싶은 일을 하러 가는 길에서 느끼는 설렘은 오랜만이었다.

필요한 서류를 이것저것 다 챙겼다고 생각했지만 가족 소유 집 거주 중인 경우에는 무상임대차계약서가 필요했다. 부모님께서 잘 알아보고 가지 그랬냐고 잔소리를 이따금 들어도 뿌듯함은 끊어지지 않았다. 이런 낭비라면 괜찮다고 느꼈다. 서두르지 말자고, 조급해지지 말자고 날마다 되뇌지만 번번이 소용없는 내가 밉지는 않았다. 다음 방문을 기약하며 배가 고파 잔치국수를 먹으러 갔다.

우연과감상 책방지기가 책방을 비울 때면 한 번쯤 내게 가게를 맡아달라고 부탁드린 적이 있다. 일일책방지기 체험은 해 보고 싶었던 일이었다. 아르바이트로도 얻을 수 없는 이 책방 운영 경험은 그 자체로 소중하고 좋아하는 공간에서 시간을 보낸다는 건 더할 나위 없는 일이었다. 책방에 조금 일찍 도착해 읽던 소설을 완독하고 도서 계산하는 법만 간단히 배웠다. 책방지기가 자리를 비운 동안은 머지않아 떠날 여행 일정을 세웠다. 완독한 소설의 서평을 쓰기도 했다.

자유책 독서 모임에서 뵈었던 한 분께서 나와 같이 있어 주셨다. 저녁으로 분식을 포장해서 같이 먹기도 했다. 책방을 둘러보며 책 추천도 받고 여러 이야기를 나누었다. 사랑니 발치를 핑계로 삼고 시험 기간이라 바쁘다는 이유로 독서를 따분히 했던 요즘이었기에 하루 종일 종이 냄새와 함께할 수 있어 더없이 좋았다. 비록 코감기였지만 그 공간을 떠도는 공기의 냄새는 맡을 수 있었다.

낯선 일을 해내고 돌아오는 길엔 그냥 더 오래 머물렀으면 좋겠다는 생각만 남았다. 그래도 오늘의 첫걸음은 스스로에게 꽤 괜찮은 선물이었다. 헛되이 보낸 것 같지도 않은 이 어정쩡한 마음이 나쁘지 않았다. 감기 기운이 다시 고개를 들었지만 머리를 식히기엔 이만한 여름도 없겠다 싶었다. 그날의 빗소리와 종이 냄새, 곁에서 함께한 사람의 눈빛이 조금 더 괜찮은 하루로 만들어 주었다.

오늘은 어쩌면 너무 단단하게 굴었던 나 자신을 조금 느슨하게 내려놓고 싶다. 단어 하나하나를 조심스레 골라 쓰는 내가 여전히 낯설고 어색하지만 그 어색함마저 지금의 나인 걸 부정하진 않기로 했다. 어른스러운 척처럼 보이는 태도와 글에 담기는 감정의 깊이가 꼭 같지는 않기를 바란다. 책을 낸다는 건 아는 걸 적는 게 아니라, 몰랐던 나를 기꺼이 꺼내두는 일이니까.

조금은 달라질 나를 기대하며

 송파구청에서 신청한 출판사 신고확인증이 나와 수령하러 오라는 문자를 받았다. 눈을 뜨자마자 부랴부랴 준비하고 다시 잠실로 향했다. 세 번의 방문 끝에 마침내 확인증을 손에 쥐었다. 작은 종이 한 장이지만 마음은 오래도록 무겁게 품어온 꿈이 하나 접힌 듯했다. 가장 먼저 부모님께 자랑했다. 엄마는 집에 액자가 있다며 방 안에 걸어두라고 하셨다. 가게에서나 보던 사업자 등록증이나 신고증 액자를 내 방에서 보게 걸릴 줄은 예전의 나는 상상조차 하지 못했을 것이다.

 서류를 받고는 약속된 점심을 먹으러 갔다. 김치 등갈비를 앞에 두고 있었던 일을 들려주고 앞으로의 고민도 나누었다.

출판사 이름에 담긴 의미, 표지 디자이너는 어떻게 구할지, 가제는 어떤 게 좋을지. 내가 하나하나 품고 있는 물음들에 그 사람은 가만히 귀 기울여 주었고 디자이너가 필요하면 도와주겠다는 말에 마음이 한결 가벼워졌다. 걱정들이 줄지어 사라지는 것만 같아 순간 숨이 편해지기도 했다.

식사를 마친 뒤에는 근처 카페로 향했다. 각자의 할 일에 집중하며 조용한 시간을 보냈다. 하삼분 출석부를 정리하고 개인사업자 신청을 마쳤다. 그리고 곧장 끝없는 원고 수정에 들어갔다. 한 공간 안에서 묵묵히 자신에게 집중하는 그 시간이 유난히 따뜻하게 느껴졌다. 그날 밤 개인사업자 등록이 완료되었다는 문자를 받았다. 드디어 첫 책을 위한 모든 준비가 시작된 셈이었다. 정성을 쏟아 붓고 싶어서 더디게 가는 길, 원고를 다듬고 포트폴리오를 만드는 일은 생각보다 더 지쳤다. 그래도 기꺼운 마음이었다.

집으로 돌아가는 버스 안에서 다시 마음이 가라앉았다. 또다시 말없이 찾아온 우울감. 그 지침의 근원을 찾으려 애써도 명확한 이유는 좀처럼 나타나지 않았다. 설명되지 않는 마음에 하루가 조금씩 기울어갔다. 늦은 밤이었지만 옷을 갈아입고 밖으로 나섰다. 헬스장에서 노래를 들으며 계속 달렸다. 땀이 흐르고 숨이 찰수록 머릿속이 희미해졌다. 운동을 끝낸 뒤에는 육체의 고단함에 정신까지 맥을 놓았다. 마음이 무거울 땐 몸을 움직이기로 했다. 글을 쓰고 몸을 움직이면서 조금은 달라질 나를 기대해 보기로 했다.

그런 마음이 또다시 불쑥 찾아온다면 나는 과연 어떻게 해야 할까. 피하지 않고 덤덤하게 받아들이는 연습도 해 보고 싶다. 하지만 막상 그 순간이 닥치면 회피하게 되는 건 여전히 나였다. 아직은 자그마한 일에도 쉽게 출렁이는 내 마음이 밉기만 하다. 어른스러운 척이 아니라 정말 어른스러운 사람이 되고 싶다. 물론, 진정 어른들도 이런 마음을 능숙하게 받아들이지는 못하겠지만 그래도 나보다는 조금 더 단단하고 유연하지 않을까.

기대보다 멀고, 마음보다 짧았던 사랑

 이별을 맞이하는 순간은 늘 익숙하지가 않다. 최근 소개로 만난 그 인연과는 오래 갈 줄만 알았지만 금세 끝나버렸다. 내가 원하는 나의 모습은 어떤 형태일지, 그를 통해 만나게 될 내 모습을 조심스레 눈여겨보기로 했던 마음이 쌓이니 정말 괜찮지 않은 사람이 되어버렸다. 항상 사랑하는 사람에게 가장 먼저 응원과 칭찬을 듣고 싶었다. 하지만 어느 순간부터 그런 바람은 무게가 되어 나를 짓눌렀다. 혼자 말하고, 혼자 정리하고, 마음을 다잡는 일이 당연해진 관계였던 것 같다.

 내가 이별을 말하는 이유는 매 연애의 공통점이 되어왔다. 들어왔던 말들이 점점 익숙해지고 가벼워질 때 결코 이별을 말했다. 나를 향한 마음보다 피곤함을 더 크게 생각하는 걸 자꾸만 느꼈다. 보고 싶어서 기다리는 건 나였고 감정을 꺼내 놓을수록 예민한 사람이 되는 듯한 기분. 그런 순간이 쌓이면서 나는 점점 아무 말도 하지 못하게 되었다.

그 인연들 곁에서 나는 따뜻한 사람이 되려 애썼지만 정작 나 자신에게는 너무 차가웠던 것 같다. 나를 무심한 듯 대하는 사람 옆에서 자꾸만 다정해지려고 했던 내 모습이 서글펐다. 그래서 이제는 그 마음을 내려놓기로 했다. 비록 아쉬움은 남았지만 이 인연은 여기까지였다고 혼자 정리해 본다. 결국 사랑은 나를 소중히 여겨주는 사람과 함께할 때 비로소 온기가 되는 것이 아닐까. 이제는 스스로에게 더 따뜻한 사람이 되고 싶다.

사랑이라는 단어는 누구나 쉽게 꺼내지만 그 마음을 지키는 일은 생각보다 어렵다. 보고 싶고, 함께 있고 싶고, 잘 보이고 싶은 마음만으로는 부족하다는 걸 알게 되었다. 시간이 지날수록 사랑은 격한 감정보다는 오히려 깊은 이해에 가까웠다. 우리가 조금 더 천천히 만났더라면, 내가 너무 앞서가지 않았더라면, 우리의 속도는 같았을까. 그런 질문들이 자꾸 마음에 남는다.

아무리 좋은 사람을 만나더라도 사랑이란 결국 기다리는 마음이 되어버릴 때가 있다. 닿지 않는 말과 전해지지 않는 다정 속에서 혼자 애쓰고 있다는 느낌이 커져만 갔다. 돌아보면 그건 사랑이라기보다는 외로움 속에서 버티는 애정에 가까웠다.

진짜 사랑은 한 사람이 너무 애쓰지 않아도 되는 것이었을까. 무언가를 계속 확인해야 하는 마음이라면 그건 사랑보다는 불안이었던 건지도 모른다. 이제야 배운다. 사랑은 함께 걷는 방향이고 말하지 않아도 서로를 헤아리는 눈빛이란 걸. 무너질 때 곁을 지켜주는 작은 손길이라는 것을. 사랑은 나 자신을 너무 버리지 않는 선에서 주고받아야 한다는 것을.

사실 그는 좋은 사람이었다. 그래서 더 많이 기대했던 것 같다. 함께 있다면 내가 주는 애정이 그를 더 단단하게 해줄 거라고 생각했다. 하지만 내 곁에서 멋진 사람이 될 줄만 알았던 그 욕심만큼 나를 따라잡기 힘들다는 태도에 실망했다. 짧은 시간이었지만 그의 모습은 너무도 빨리 달라졌다. 그 변화가 자꾸만 나를 외롭게 했다.

이제는 사랑 앞에서 더는 작아지지 않기로 했다. 다음 사랑은 나를 무너지게 하기보다 튼튼하게 만들어주는 사랑이었으면 한다. 서로가 서로에게 닿을 수 있는 거리에서, 따뜻하게 바라보는 그런 사랑이기를. 그 사랑은 나를 더 좋은 사람으로 만들어주는 것이었으면 좋겠다. 나로 인해 상대도 더 좋은 사람이 될 수 있었으면 좋겠다. 서로가 가장 의지가 되고 좋은 시너지를 주고받아야 비로소 사랑이 완성되니까. 지금껏 해온 사랑은 한낱 모래성처럼 무너질 수밖에 없는 미완성의 형태였다.

단편들만 기억나는 시절

　두 달 동안 매주 금요일 아침이면 어린이집으로 출근했다. 퇴근하자마자 곧바로 부모님 식당으로 향했고 마감까지 일했다. 아침 일곱 시에 나가 밤 열한 시에야 집에 들어오는 생활은 생각보다 훨씬 고단했다. 처음에는 순수하고 세상 무해한 아이들을 보는 일이 그저 사랑스러웠다. 여덟 시간 내내 이어지는 봉사는 낯설지 않았고 하루는 금세 지나갔다.

　하지만 점차 상황은 달라졌다. 자연스레 떠넘겨진 청소와 잔심부름, 몇 시간씩 이어지는 가위질은 손끝을 무디게 하고 마음마저 지치게 했다. 아이들을 좋아한다는 이유로 시작한 일이었지만 점점 그 마음만으로는 감당할 수 없게 되었다. 맞지 않는 옷을 억지로 입는다는 게 어떤 건지 처음으로 실감했다. 잠시 영혼을 몸 밖에 두고서야 버틸 수 있는 일이었다.

결국 차마 그만두겠다고 말하지 못한 나를 대신해 엄마가 어린이집에 전화를 걸어 주었다. 그제야 겨우 손에서 내려놓을 수 있었다. 이 경험을 통해 비로소 알게 되었다. 일이 맞고 안 맞는 문제보다 그 안에 있는 사람과의 관계가 얼마나 큰 영향을 주는지. 어떤 일은 그 일 자체보다 함께하는 사람이 더 중요하다는 것을 깨달았다.

다음 날은 할아버지의 생신이었다. 큰고모, 작은고모, 할머니, 할아버지가 모이기로 한 시간 전까지는 엄마와 함께 식당에 출근해 주방일을 도왔다. 잔치가 끝나자마자 서둘러 스페인책방으로 향했다. 예약해 두었던 다미안 작가님의 교정 교열 원데이 클래스를 듣기 위해서였다.

출판업에 종사하고 싶은 나에게 이 수업은 오래도록 기억에 남을 시간이었다. 다양한 맞춤법 규칙부터 책을 출판하기 전 반드시 알아두어야 할 것들까지 꼼꼼히 짚어주셨다. 수업이 끝날 무렵엔 스스로를 알게 되었다. 나는 아직 많이 부족하고 앞으로 더 방대한 양의 공부를 해야만 한다는 것을.

클래스를 마치고 다시 식당으로 향했다. 앞으로 매일 오후에는 아르바이트를 하기로 했다. 오전에는 하루는 호두과자 가게에서, 나머지 삼 일은 칼국수 가게에서 일하기로 했다. 출간할 돈을 모으기 위해 세 가지 일을 동시에 안고 살아야 했다. 진짜 위로는 어디에 있을까. 진정한 위안은 마음도 사람도 아닌 통장 속 숫자에 있는 건 아닐까 하는 생각이 문득 스쳤다.

세상의 단편적인 장면만 보고 자라온 어린 시절이 그립다. 잊고 지내던 친구들과 함께 학원에 가던 길, 학교 앞 분식집에서 떡볶이를 먹고 불량식품을 사 먹던 날들. 교복을 입고 설렘 가득한 연애를 시작하던 시절.

　나이대가 바뀌자 고민의 모양도 달라졌다. 어쩌면 서른쯤이 되어 이 치열했던 이십 대를 다시 그리워하게 될까. 그렇다면 지금의 하루하루를 조금 더 애써 살아야겠다. 이렇게 지내다 보면 어느새 어른이라는 말과 조금은 어울리는 내가 되어 있을지도 모른다. 오늘도 나는 그 이름에 기댄 채 하루를 마무리한다.

어른이라는 이름에 기대어

 어른이 무엇인지 모르겠습니다. 스물한 살, 성인이라는 이름이 붙었지만 그게 정말 어른이라는 증표일까요. 한참을 헤매야 한다면 나는 아직 덜 자란 어른일지도 모르겠습니다.
 자신의 자리를 알지 못하고 타인의 선을 밟는 사람을 볼 때면 그를 어른이라 부르고 싶지 않습니다. 나에게 맞는 좌석을 찾아가는 과정을 어른이 되어 가는 길이라 말하고 싶습니다. 그러니 언젠가 아늑하고 흔들림 없는 의자에 앉게 된다면 그때는 단단한 어른이 되어 있는 걸까요.
 아직은 모르겠습니다. 어느 자리에 앉아야 할지, 무엇이 나에게 맞는 길인지. 매일을 되뇌입니다. 이만큼 자라야 어른이라 할 수 있다고 정해진 기준은 없지만 그런 게 있다면 나는 끝도 없이 자라야 할 테니까요.

이름들

    나를 좋아해 준 사람들의 이름을 나열해 본다. 이 사람은 나를 좋아하지 않았어, 하는 이름은 제외했다. 유독 한 사람의 이름이 자꾸 떠오른다. 그와 나는 많은 추억을 쌓지는 않았다. 하지만 표현이 서툴고 묵묵하더라도 그의 사랑만은 유난히 잘 느껴졌다. 내가 어렸기에 그 마음을 온전히 받아들일 수 없었던 것 같다. 겉으로 보이는 것만이 사랑이라 믿었던, 어린 스무 살이었다.

    항상 이별을 마주하면 남겼던 사진을 모두 지우고 인스타그램 팔로우는 물론 차단까지 했다. 내가 사랑했던 사람과 아무 사이도 아니게 되는 순간 연락을 이어가기란 나에겐 불가능에 가까웠다. 먼발치에서 응원해 주면 고맙다고 연락은 여기까지 하자는 말 뒤엔 그 이상의 아무런 연결고리도 남기지 않겠다는 결심이 있었다.

인연의 무심함이 아직도 익숙하지 않다. 차라리 이별할 거였다면 처음부터 그를 몰랐으면 좋았을 걸. 그런 후회는 이별 직후부터 줄곧 이어졌다. 이별 자체에 대한 후회는 분명히 없지만 사람 사이의 연결이 완전히 끊긴다는 건 아직도 이해할 수 없는 영역이곤 하다. 정이 완전히 떨어졌을 때 헤어짐을 고했던 적이 없는 것 같다. 그 정은 아마 내가 이 세상에서 사라지기 전까지도 남아 있을지 모른다. 정이 참 많은 사람이다.

아무에게나 마음을 내어주지는 않지만 한 편으론 아무에게나 정을 준다. 정이 정말 무서운 아이였다. 유독 정을 많이 줬던 애를 나는 아직도 잊지 못한다. 지금껏 해 본 적 없는 모진 말들로 그를 밀어냈고 밀어낸 후에야 더 행복한 시간을 보낼 수 있었다. 그런 나를 다 안고 갈 수 있다던 그의 말에 조금은 흔들리기도 했지만. 이토록 나를 온전히 좋아해 줄 사람은 다시 나타나지 않을 것만 같았기 때문이다.

이렇게라도 적어야 마음 정리가 될 것 같았다. 솔직함이 도움 되는 순간이 있다면 그것은 아마도 마음이 가벼워지는 때일 것이다. 그런 간절한 마음으로 이 글을 남긴다. 그가 혹여 읽게 되더라도 함께했던 날들과 헤어진 뒤의 날들을 나는 여전히 후회하지 않는다. 여기저기서 결혼하기 좋은 사람은 그 사람뿐이라 자랑했던 부끄러운 순간들이 자꾸만 떠오른다.

이별의 슬픔이 일주일 이상 지속된 적은 없다. 지금도 마냥 미련이 남은 건 아니다. 그냥 그 시절의 내가 그리울 뿐이다. 그렇지만 만약 재회하게 되더라도 내게 마음을 여는 일이란 어렵지 않다. 동시에 나를 행복하게 하지 않는 것들을 끊어내는 일도 어렵지 않다. 사람을 좋아하고, 정이 많고, 온 마음을 다해주는 건 내가 잘하는 일이지만 충분히 나를 지켜내는 법도 알고 있다. 그래서 맺고 끊음이 분명한 사람이라고 말할 수 있다.

연애를 시작하기 전, 나는 언제나 같은 말을 해 왔다. 최선을 다하면 그만큼 이별하고도 후회하지 않는다고. 나는 한 번도 후회하지 않았지만 상대는 항상 내게 소홀한 모습만을 남겼다. 한 사람을 사랑하기로 약속했으면 정말 그 약속을 어기지 않을 수는 없는 걸까. 이만한 잔인한 일을 아직 겪어 본 적이 없을 정도다. 나는 책임감 있는 사람을 좋아한다. 사랑을 책임지고 자기 일을 책임지는 사람. 내가 그런 사람이라고 자부한다.

내면에 남아 있던 잔여감

 좋아하는 음식 중 하나인 칼국숫집으로 첫 출근을 했다. 비록 오전 세 시간만 하는 아르바이트였기에 긴장은 크지 않았고 아무리 바빠도 얼마나 바쁘겠어, 하는 안일한 마음으로 들어섰다. 홀 서빙일 줄로만 알았던 업무는 주방에서 쟁반 위로 기본 반찬을 차리고 음식을 올려 손님을 호명하는 것이 주된 업무였다.

 서 있어야 하는 자리는 하필이면 가스레인지 여섯 개가 동시에 끓고 있는 칼국수 앞이었다. 이마에서 땀이 흘러내려 위생에 방해가 될까 연신 물러서 닦아야 했다. 시간이 좀처럼 흐르지 않았다. 차라리 주방보다는 바깥 무더위가 더 시원할 것 같을 정도였다.

퇴근 후에는 부모님 식당으로 가 곧장 시원한 냉면을 만들어 먹었다. 배는 고팠고 많이 흘린 땀이 어지러움을 불러왔다. 겨우 첫날이었지만 이 일을 오래 할 수 있을지 의문이 들었다. 그럼에도 나는 책임감 있는 사람이라고 자부했으니 꾸준히 오래 해야 한다고 스스로 다그쳤다.

냉면 한 그릇을 비운 뒤 부모님 식당 일까지 남은 시간 동안 책을 읽었다. 한동안 책을 손에서 멀리하고 있던지라 오늘이 아니면 집중해 읽기 어려울 것 같았다. 저녁에는 손님이 일찍 빠져 이른 퇴근이 예정이었지만 아빠가 먼저 퇴근했다. 물에 젖어 무거운 대걸레 두 개를 한 손으로 쥐어 70평 매장을 닦고 홀로 마감했다.

집에 돌아오자마자 캔맥주를 냉동실에 넣었다. 그러고는 느슨하게 샤워를 마치고 안경을 쓴 채 노트북을 펼쳤다. 그럴 즈음이면 냉동실 속 맥주는 얼기 직전의 차가움을 품고 있다. 한 모금 들이켰다. 여름을 기다리는 이유 중 하나다. 안주로는 김 세 팩이면 충분했다. 좋아하는 유튜브 영상을 보며 소리 내 웃기도 했다. 다 보고 나서는 봄부터 매일 들었던 노래를 흥얼거렸다.

술 기운 때문인지 몰라도 그 노래를 듣거나 부르면 침잠해지는 마음과 함께 울컥하는 일이 자주 있었다. 대걸레질을 하며 들었을 때도 같은 감정이 올라왔다. 식당 아르바이트를 두 탕이나 뛰고, 책도 읽고, 산책도 했던 오늘이 분명 충만했는데 이유 없이 밀려오는 울컥함이 야속했다.

챗 GPT에게 물었다. 내가 느끼는 감정이 무엇인지. 감정적으로는 이렇게 대답했다. "네가 일을 열심히 했고, 스스로 잘 버텼다고 말하는 것은 '견디는 법'을 알고 있다는 뜻이기도 해. 그런데 감정은 견딘다고 사라지지 않거든. 그 안에는 애써 말로 꺼내지 못한 피로, 허전함, 외로움, 기대의 잔여감 같은 것들이 숨어 있을 수 있어."

정신건강의학 관점에서는 이렇게 덧붙였다 "정서 탈진. 하루를 잘 보냈지만 내면에서는 소진이 누적돼 있는 상태야. 특히 울컥함이 이유 없이 반복되는 것은 내면에 눌린 감정이 해소되지 못한 채 부유하고 있다는 뜻이야. 지연된 스트레스 반응. 감정은 지금 힘들지 않다고 해서 없는 게 아니야. 오히려 가장 무방비한 순간, 나 혼자 있고 아무 일도 없어 보이는 시간에야 진짜 감정이 튀어나와. 표면적으로는 잘 견디고 있는 것처럼 보이지만, 내면에서는 억제된 감정, 특히 고립감과 감정 피로가 축적되어 있는 상태야."

짧은 몇 문장으로 내가 느끼는 복잡한 감정을 간파당한 듯해 뜻밖의 위로가 되었다. AI의 도움이라 해도 내 감정을 짚어 준 이 말들이 오늘의 나를 붙잡아 주었다. 이제 이 감정을 어떻게 받아들이고 풀어나갈지는 내 몫이다. 오늘은 그냥 그럴 수 있는 날이라고 넘기기로 했다. 그리고 만약 내일도 같은 감정이 지속된다면 그때는 더 촘촘히 나를 돌보기 위한 노력을 해보려고 한다.

나를 좋아해 줄 시간

한 달에 두 번, 2주간 진행하는 하삼분 모임은 나에게 꾸준함에 대해 다시금 생각하게 만든다. 7월 1일부터 이 주간 모임이 시작되었고, 3일까지는 매일 글을 썼지만 오늘 7일이 되어서야 다시 펜을 들었다. 글을 쓰지 않았던 사흘은 마치 삼주처럼 길고 낯설게 느껴졌다. 특별한 이유는 없다. 여느 때처럼 아침과 저녁에는 아르바이트하고 틈틈이 책을 읽었다.

요즘 나를 유독 힘들게 하는 질문이 있다. 도대체 내가 나에게 하고 싶은 말이 무엇일까. 무엇을 위해 체력이 바닥날 때까지 밤이면 운동을 하고 다시 아침이면 일을 나서는 걸까. 분명한 건 바쁘고 성실하게, '갓생'이라는 단어 그대로의 삶을 살아가고 있다는 것. 그러나 더 분명한 건 그런 삶을 나는 원하지 않았고 또 그만큼 만족하지 못하고 있다는 사실이다.

지금 이 순간 내가 나에게 해 주고 싶은 말은 무엇일까. 너는 지금도 충분히 잘하고 있고 바라고 있는 일들을 언젠가는 다 이룰 수 있을 거라고. 혹은 누구나 실수할 수 있고 서툴 수 있으니 괜찮다는 말. 그 흔한 말 중 하나일지도 모르지만 정작 내게는 좀처럼 와닿지 않는다. 그 말들이 마치 나만은 예외인 것처럼 자꾸만 멀게 느껴진다.

실수해서는 안 되는 엄격한 기준 속에서 하루를 살아가고 예측할 수 없는 미래에 기대를 품는 일은 고통스러웠다. 잘하지 못하면 비난받고 괜찮다는 말조차 정작 그 말이 필요한 사람에게는 아무 힘이 되어 주지 못할 때가 있다. 어쩌면 그 말이 무력한 게 아니라 내가 무력한 사람일지도 모른다.

오늘도 아침에는 칼국숫집을 가고 저녁에는 부모님 식당을 도운 뒤 집으로 가는 길이었다. 다음 정거장이 우리 아파트 이름이었지만 착각한 채로 한 정거장 앞에서 벨을 눌렀다. 나를 경멸하듯 바라보는 버스 기사님들이 간혹 있었기에 괜스레 폐를 끼치고 싶지 않아서 무심코 버스에서 내렸다. 집까지 이어지는 짧은 길 위로 양옆엔 초록 잎들이 일렁이고, 길 건너편 공사장 뒤에 숨은 나무들은 밤의 어둠 속에서 묵직한 검은 실루엣으로 서 있었다.

한 번도 의식하지 않은 풍경이었다. 일찍 내린 덕분에 여름 한가운데의 푸르름을 잠시 눈에 담을 수 있었으니. 나는 왜 이토록 나무와 하늘을 좋아하게 되었을까. 도대체 내가 나에게 하지 못하는 말들은 무엇이길래 침묵을 선택하게 되는 걸까. 무엇이 나를 이렇게 힘들게 하는지 모르겠는 밤 위를 지나가고 있다.

오늘부터 휴학 신청 기간이었다. 별다른 망설임 없이 신청을 마쳤다. 개강까지는 아직도 멀었고 방학이 유난히 길게 느껴졌다. 시간은 더디게 흘러가는데 앞으로의 시간이 나를 좋아해 줄지 모르겠다. 아니면 내가 먼저 그 시간을 사랑해야 비로소 내 삶의 자국들도 사랑하게 될 수 있을까. 이유는 잘 모르겠지만 정말 그럴지도 모른다는 생각이 들었다.

퇴근 후에 집으로 와 혼자 술을 마시는 일이 잦아졌다. 모두가 말하길, 지금은 술도 많이 마시고 한창 즐길 나이라고 한다. 하지만 정작 내 마음은 무너지고 있는지도 모른다. 이 시기를 하루빨리 지나 나라는 존재가 더욱 선명해지는 순간을 맞이하고 싶다. 그래도 바란다. 있는 그대로의 나를 내가 먼저 사랑해 줄 수 있기를.

무뎌진 마음 위에 내리는 장마

7일이 지나 어느새 14일이 되었다. 칼국숫집과 부모님 식당을 오가며, 그 사이에는 친구와의 약속들로 일정이 빼곡히 들어찼다. 젊은이답게 좋은 체력과 상하지 않은 몸으로 매일 일이 끝나면 술을 마셨다. 일종의 오기였고 좋지 않은 방식의 보상이었다. 열심히 일했으니 술을 마셔도 된다는 위안과 합리화였다. 칼국숫집으로 출근하기 전엔 마치 지옥의 불구덩이로 들어가는 기분이었고 부모님 식당으로 향할 때면 오래도록 해 온 일에서 오는 무료함이 따라붙었다. 지친 부모님과 번번이 부딪히는 일은 피할 수 없었다. 매일 반복되는 상황은 가까운 여행이나 독서 모임조차 허락하지 않았다. 가슴은 답답하고 표정마저 굳어갔다.

어제 새벽 잠들기 전에는 문득 울고 싶었다. 학창 시절, 위로받으며 눈물을 흘렸던 노래가 떠올랐고 곧바로 재생했다. 109의 '빛나는 별이 되지 않아도 돼'에서 내가 가장 좋아하는 구절은 이렇다. "어제와 똑같은 반복되는 일상 속에 지친 내가 보일 때, 하늘을 바라봐. 어두워도 괜찮아. 빛나는 별이 되지 않아도 돼." 울고 싶어서 찾아 들은 노래였지만 끝내 눈물은 나오지 않았다. 많이 지쳐 있는 이 상황에서 내가 무덤덤한 건지, 일해야 한다는 강박에 갇혀 지금 이 상태를 편안하다고 착각하는 건지 잘 모르겠다.

셋째 주가 시작된 이후로는 술을 마시고 싶을 때마다 운동하러 가기로 했다. 힘들다고 술에 의존해선 안 되니까. 나는 무언가에 기대지 않아도 되는 사람이고 혼자서도 설 수 있는 사람이니까. 작은 목표 하나라도 정해두고 그것을 이루어 나가기로 마음먹었다.

오늘도 어김없이 아르바이트하러 나섰다. 덜 뜬 눈으로 버스에 올라 얼굴에 화장품을 치덕이며 발랐다. 흐릿한 창밖 풍경은 고등학생 시절 매일 지나던 길이기에 반가움보다는 피로가 먼저 밀려왔다. 막상 도착해서는 별말 없이 묵묵히 해야 할 일들을 해냈다. 누가 시키지 않아도 필요한 일들이 하나둘 눈에 들어왔고, 그러다 사장님의 칭찬이 들려왔다. 가게 한 켠의 화분들을 바라보시며 예쁘고 귀여운 걸 좋아해서 나를 좋아한다고 말씀하셨다. 부끄러움에 손사래를 치며 웃음이 새어 나왔다.

모든 게 서툴러 자꾸만 물러서야 했던 지난날들에 비해 이제는 조금씩 익숙해지고 있다는 감각이 든다. 그래도 내가 쓸모 있는 사람이라는 생각이 오늘을 더 분주히 움직이게 해주었다. 하루 중 단 한 순간이라도 보람이 생기니 숨통이 트이는 기분이었다.

무덥던 날이 지나 장마가 시작되면서 선선한 기운이 돌기 시작했다. 무겁게 쏟아지는 빗줄기에 씻겨 나가는 도로처럼, 내 마음의 안팎도 조금씩 정화되었으면 했다. 그 위로는 알록달록한 무언가들이 겹겹이 덮여가고, 그다음에는 새하얗고 어린 기쁨들이 소복이 쌓이기를 바랐다. 그러다 보면 무뎌진 감정들이 옅어지면서 따뜻하고 새로운 것들이 다시금 세상 밖으로 나올 수 있겠지.

필요한 건 의지보다도 내가 살아가는 이 하루를 스스로 부드럽게 안아주는 일이 아닐까 싶다. 통째로 다 놓아버릴까 싶었던 순간도 있었는데 그 안에 이상하리만치 다정한 한 줄기가 남아 있었다. 내가 몰래 애썼던 마음이든 누군가의 말 한마디든. 어떤 방식으로든 나를 끝까지 놓지 않으려 했던 무언가가 있었던 것 같다.

누군가에게 잘 보이기 위한 게 아니었다. 그저 내 편에 서기 위한 마음이었다. 그런 작은 감정들이 언젠가는 나를 조금 더 괜찮은 방향으로 데려다줄지도 모른다. 아직은 잘 몰라도 지금은 그렇게 믿는 것이 내게 가장 덜 버거운 선택이다.

열심히의 결을 따라

　퇴근 후 운동을 가는 날이 많아졌다. 운동을 마친 뒤 맥주 한 캔을 곁들이는 밤 또한 자연스레 잦아졌다. 몸을 움직이는 일만큼이나 스스로를 더 강하게 다잡는 마음가짐이 필요해졌다. 평소처럼 아파트 단지 안에 있는 헬스장으로 향하려다 그날따라 밖에서 뛰고 싶다는 마음이 들었다. 야외 러닝은 한 번도 해 본 적이 없었다. 그래서 혼자 뛰는 일이 나에겐 낯설고 조금은 부끄러운 일이었다.

　늦은 밤, 아르바이트 마감을 마치고 집으로 돌아왔다. 편한 옷으로 갈아입고 신발 끈을 단단히 조여 맨다. 그렇게 러닝을 시작했다. 집 앞에 무성히 자란 나무 옆으로 길게 이어진 트랙 위에 시선을 두고 발을 내디뎠다. 생각보다 금세 숨이 차올랐지만 옆으로 지나가는 사람들을 보며 다시 원동력을 얻었다. 1.5km쯤 달리고 나면 돌아오는 길도 자연스럽게 1.5km는 더 뛰게 된다. 그렇게 복귀 본능에 기대어 3km를 겨우 채웠다.

그 짧은 러닝 속에서도 머릿속은 조용히 가라앉았다. 내내 흘러가던 생각들이 속도를 늦추고, 잠시 숨을 골랐다. 달리는 중에는 오히려 어떤 판단도 내려놓게 되는데, 그 덕분에 고요해진 마음 안에서 내가 진짜로 바라고 있는 것들이 뚜렷해지곤 한다. 조급하게만 보였던 하루의 결들이 그제야 제자리를 찾아간다. 무언가를 증명하듯 사는 삶이 아니라 어제보다 조금 더 단단해진 마음을 확인하는 삶이면 좋겠다는 생각도 들었다.

사람들은 종종 나에게 왜 그렇게 열심히 사느냐고 묻곤 한다. 그 말이 칭찬이라는 걸 알면서도 선뜻 수긍하기는 어렵다. 나보다 더 치열하게 살아가는 이들이 많다는 걸 알고 있기 때문이다. 그래서 누가 '더' 열심히 사는가를 비교하는 일이 과연 무슨 의미가 있을까 싶어진다. 각자의 삶에는 저마다 힘듦의 무게가 있다. 그 무게를 온전히 아는 사람은 결국 자기 자신뿐이다. 그래서 누군가를 앞세워 힘들었다고 말하는 일을 점점 하지 않게 되었다. 열심히 하면서도 그렇게 살아지고 있는 날들이 있으니, 괜찮다고 말할 수 있다면 그걸로도 충분하시 않을까 싶다. 어리광을 부리고 싶을 때도 물론 있지만 어쩌면 그건 우리 모두 같은 마음일지도 모른다.

하루하루 쌓여 가는 루틴 속에서 조금씩 변하고 있었다. 전에는 미처 감지하지 못했던 내 마음의 흐름과 피로를 이제는 눈치채게 되었다. 어느 날은 그 피로를 무시한 채 억지로 달리기도 했지만 요즘은 잠시 멈춰 숨을 고르는 일이 무너지지 않기 위한 선택이라는 걸 안다. 버거운 날들 틈에서 운동을 하고 스스로를 돌보는 이 작은 루틴이 결국 나를 지탱하고 있다는 걸 반복될수록 조금씩 믿게 된다.

가끔은 다른 사람의 말이 내가 미처 알아채지 못한 내 수고를 비추어 주는 거울처럼 느껴진다. 세상이 아무 말 없이 지나가는 것 같아도 때때로 누군가의 말로 내가 얼마나 애썼는지 드러나는 순간이 있다. 그건 아마도 내가 정말 열심히 살아가고 있다는 증거일 것이다. 매일 반복되는 일상에 그저 그러려니 하며 묻히는 나날들이 많아진다. 해야 할 일들은 쌓여만 가고 스스로를 돌아볼 겨를도 없이 달리고 있는 나를 문득 마주친다.

앞으로 펼쳐질 미래에도 누군가의 눈에 내가 분명히 비치기를 바란다. 살아내고 있다는 것만으로도 누군가의 기억 속에 오래 남기를. 멋진 어른이 되기 위해 지금보다 더 깊은 결의 '열심히'를 쌓아 갈 수 있었으면 좋겠다. 그 깊이는 언젠가 지금과는 전혀 다른 결의 나를 만들어 줄 것이다. 그러니 오늘도 단단히 신발 끈을 묶어야겠다. 그 끈은 나를 어디로든 이끌어 줄 테니까.

묵음의 세계에서 수화하는 감정

소리를 넘지 못한 진심

짧은 만남이었다. 그와 관계를 지속할 자신이 없어 먼저 이별을 고했다. 더는 내 말에 귀 기울이지 않는 사람에게 애써 단어를 골라 가며 설명하느라 내가 점점 사라지고 있었다. 나는 듣고 싶은 사람인데 그는 듣지 않았다. 아무리 사랑하고 노력해도 되지 않는다면 멈추는 것이 맞다. 사실은 노력할 필요성을 느끼지 못했다. 듣지 않아도 될 말들을 어떻게든 잘 들어보겠다고 애쓰다가 결국 다 듣고 나서야 깨달았다.

자존심이 너무 세서 나의 감정 앞에서도 본인의 틀에서 벗어나지 않으려던 사람. 내가 어떤 말을 하면 '왜 그렇게 생각했는지'보다 '이해가 되지 않는다'라는 말부터 꺼내던 사람. 그 사람 곁에 있으면서 자꾸만 작아졌다. 나는 서운해서도 안

됐고 이해받지도 못하는 사람이었다. 사랑한다는 말조차 날 위한 게 아닌 것처럼 느껴졌다.

항상 말에 무게가 있는 사람을 만나고 싶었다. 말이 가진 힘이 얼마나 큰지 알기에 그 힘을 나에게 건네는 사람을 만나고 싶었다. 그이가 그런 사람이기를 간절히 바라기도 했다. 너무나도 잘해보고 싶은 마음은 굴뚝같았지만 '어떻게 되는 일만 있겠어' 하며 이내 포기하였다. 어쩌면 내가 좋은 사람이 아니었기 때문이라고, 스스로를 탓하며 욕심내고 싶지도 않다.

들리지 않는 내 세상 속에서 좋은 말만 남겨두고 가는 사람이 있기를 바라며. 비록 나는 잘 듣지 못하지만 들리는 이들에겐 먼저 좋은 말을 건네고 싶다. 그렇게 내가 먼저 들리는 세상에 좋은 말을 전해야겠다고 배운다. 각자 속도를 존중하며 답답해하기보다 기다려주는 사람들만 내 곁이 채워지길.

내게 이별은 항상 시작이다. 어떤 사람을 만나야 하고 만나지 말아야 하는 것들이 확실해진다. 그가 말한 "너 책도 읽잖아."라는 말이 말다툼 중엔 마치 책도 읽으면서 왜 나를 이해 못 하냐는 식으로 들렸다. 그 말을 곱씹으며 나는 이대로 내 신념을 지키겠다고 결심했다. 어쩌면 자존심일지라도 나도 세울 줄 아는 걸.

내가 그렇게 태어난 이유

 우리 가게에서 같이 일하는 오빠와 퇴근 후 술을 마신 적이 있다. 그날 나는 평소 주량을 넘겨 초록 병 3개를 마셨고 중간부터 필름이 끊겼다. 그때는 그렇게 취해 보이지는 않았다고 한다. 아무튼 술자리에서 세 번 울었다고 했다. 왜 세 번이나 울었는지 그 이유가 궁금했다. 내 술버릇은 눈물과 애교다. 그 중간이 없다. 함께 일한 동료 말로는 엉엉 울었다가도 애교가 넘쳐흘러 혼란스러웠다고 했다.

 첫 번째 눈물은 자존감이 많이 낮아졌다고 말하면서 터졌고, 두 번째는 전 남자 친구들에게 '왜 이런 말들을 들어야 했는지'에 대한 원통함 때문이었다. 세 번째는 동료가 나에게 마음씨가 너무 착하다고 말해줬을 때 그런 말을 해준 사람이 없었다고 말하면서 엉엉 울었다고 했다.

솔직히 많이 놀랐다. 혼자 삭히며 묻어둔 말들이었기 때문이다. 최근 자존감이 많이 낮아지고 모든 게 내 탓인 것 같아 사람들에게도 이해받지 못한다고 생각해 왔다. 그렇게 풀이 죽은 며칠이 지나갔고 술이 들어가자 내 마음속 응어리들이 들통난 것이다. '취중진담'이란 말이 괜히 있는 게 아닌 듯하다.

평소에는 그렇게 울 정도로 힘들다고 생각하진 않았는데 많이 힘들었나 보다. 이 감정들이 힘듦이었는지조차 아직은 잘 모르겠다. 이 모순 사이에서 스스로에게 미안한 마음이 들었다. 참 자기 연민 많은 사람 같다. 다음 날 출근하자마자 엄마가 직원들에게 커피를 사셨는지 다들 음료 하나씩 마시고 있었다. 나도 참을 수 없어 엄마 카드를 들고 제일 비싼 쿠키 프라페를 사 먹었다. 뭐 마시냐고 물어보시는 엄마의 말에 나는 쿠키 프라페를 먹는다고 말했다. 그다음 엄마의 말이 먹먹했다.

"너가 제일 비싼 거 먹네. 우리 딸은 그러려고 태어났잖아."

알다가도 모르겠다. 아직 남아 있는 숙취로 민얼굴 출근했는데 보자마자 못생겼다며 내 외모 디스를 하던 엄마였다. 그 무뚝뚝한 엄마가 가끔 이렇게 한마디 툭 내뱉으면 어김없이 울컥한다. 그래도 그날은 분명 행복했다. 우리 가게에 내가 좋아하는 동료들과 가족이 함께 있어서 바라만 봐도 웃음이 나오던 하루였다.

꿈이 먼저 알아챈 마음

 자려고 눈을 감는 동안 문득 이런 생각이 들어 메모장을 열었다.

'어쩌면 조금은 나아진 것일지도. 내게 주어진 의무가 무엇인지는 모르겠지만 하나씩 완수해 나가는 기분이 든다.'

 그 생각이 채 가시기도 전에 아침 눈 뜨자마자 내 머릿속은 스트레스로 가득 찼다. 속 쓰림과 두통은 집에서 나와 바람을 쐬며 나아졌지만 뭐가 문제인지 도무지 모르겠는 마음이었다. 사실 막대한 꿈을 꾸었다. 벌 공포증 있는 내가 꿈에서 수많은 벌떼 사이에 우뚝 서 있었다. 숨을 참으며 피하려던 중

팔꿈치에 여러 방 쏘였다. 순간 놀라 꿈에서 깼고 곧바로 알람이 울리기 시작했다. 그 꿈을 까먹지 않기 위해 되뇌며 씻고 나왔다. 해몽을 검색하는 습관이 있다. 지금의 나를 설명하는 말들에 괜히 스스로 동화시키려는 편이다. 해몽에는 스트레스, 압박감, 억눌린 감정 폭발이라고 했다. 동화되고 싶지 않았다. 그냥 어디론가 훌쩍 떠나고 싶었다.

조금은 버겁다. 오랜만에 하루 푹 쉴 수 있는 날이 와도 마음은 편치 않다. 다 큰 투정 같기도 하다. 해야 할 일을 미루고 하고 싶은 것만을 하려는 욕심을 아직 버리지 못했다. 일정이 빼곡한 이번 주를 어떻게 버틸지 걱정으로 가득하다. 어쩌면 나 자신을 조금 포기한 채 지내야 할지도 모르겠다. 그렇다고 포기하고 싶지는 않고, 그저 즐길 수만 있다면 그러고 싶었다.

곁에 위로가 되어 주는 사람이 있다는 것만으로도 세상은 아직 살 만한 곳이라는 생각이 든다. 그래서 무턱대고 과거를 끌어와 현재와 비교하지 않기를 바랐다. 그럼에도 나를 좋아해 주는 사람 앞에 서면 이유 모를 미안함이 밀려오곤 한다. 이런저런 생각들이 꼬리를 물었다. 그저 이렇게라도 감정을 글로 적으면 조금이나마 나아질 거라 믿는다.

마음의 여지

 글로 정리할 수 없는 순간도 내 삶의 일부라는 것을 인정하려 한다. 이해되지 않아도 괜찮은 감정을 마음의 풍경 안에 고요히 머물게 두는 것이다. 지나친 자기 분석과 검열로 하지 않아도 될 의심이 점점 커지고 있었다. 그 안에는 내가 좋아하는 작은 조각들도 함께 있다.

 나는 지금 의지할 곳이 필요한가, 독립적인 개체로 성장할 잠재력을 지니고 있는가, 내 감정에는 거짓이 없는가.

 아직도 정답을 찾지 못한 질문들이다. 어쩌면 애초에 답이 없는 물음일지도 모른다. 설령 찾지 못하더라도 자책하지 않기로 했다. 단지 그 질문의 과정을 살아내는 데에 의의를 두기로 마음먹었다. 완전한 자기 이해를 위해서 더는 죄책감을 품지 않아야 한다는 필요성을 느꼈다.

사실은 내가 지금껏 해 온 감정 표현이 그저 투정일 뿐이라고 여겨왔다. 하지만 문득 내가 아닌 누군가가 같은 말을 했다면 분명 누가 봐도 진지한 감정이라고 볼 것이다. 감정은 투정이 아니며 고로 내가 토로해 낸 감정들도 투정이 아닐 거라고. 그렇게 어느 정도 거리 두고 나를 객관화할 수 있다고 믿었다. 그 거리조차 점점 더 멀어지게 되지는 않을까 하는 걱정은 좀처럼 가시지 않았다.

감정의 눈치를 보기 시작한 건 아마도 오래전부터였을 거라고 짐작한다. 지금보다 판단이 흐렸던 시기의 나는 종종 사람들에게 물었다. 내가 여기서 화를 내도 되는 거냐고, 행복해도 되는 순간이 맞냐고. 감정뿐 아니라 타인의 감정까지 짊어지려 했던 그 시절의 나는 마음의 여유가 거의 없었다는 사실을 이제야 실감했다.

그러다 보니 지나치게 휘둘릴 경우, 결국 진짜 나의 감정조차 무게를 잃을 수 있다는 걸 깨달았다. 있는 그대로 내보이는 게 부끄럽다는 신념마저 굳혀질 수도 있을 것이다. 이제는 글을 쓸 때만큼은 검열하지 않고 쓸 수 있는 건 다 써도 괜찮다며 허용하는 마음을 품어보고 싶다. 지금 나에게 필요한 건 엄격한 감정의 질서 속에서 살아가는 것이 아니라, 내 마음에 여지를 두고 이리저리 유영할 수 있는 능력이었다.

그런 고민 속에서 하루 전, 소중한 사람이 나를 위해 남긴 말을 꺼내 보았다.

'나는 네가 조금은 불투명한 시간이 있어도 괜찮지 않을까 싶어. 불투명한 속에 깊이 담겨 오직 그때만큼은 남들에게 보이지 않아도 되는 솔직함이 있을 테니까. 너무 투명하기만 하다면, 어딘가에 갇혀 있을 때 너 스스로를 돌봐주지 못할 테고, 비춰볼 수도 없을 테니까. 본인 스스로가 너무 투명하다는 건 어쩌면 남들을 바라보는 시선마저도 투명하다는 거니까. (...) 그 시간만큼은 네가 너로서 존재할 수 있으니 스스로 좋은 자양분과 거름을 얻기에 큰 힘이 될 거 같아. 충분히 만끽하고 유영하자. 불투명함과 투명함 사이에서 아직은 좌절하고 상처받지 않고 갈등할 수 있는 시절을 보내고 있다는 사실과 그 젊음이 너무 찬란하니까.'

홀로서기

 사랑의 결핍을 남에게서 찾으려는 욕심은 결국 더 깊은 결핍을 낳는다. 스스로 생겨난 구멍은 나로 인해만 메워져야 하는데, 우리는 흔히 사랑하는 사람이 그 빈틈을 메워주기를 바란다. 그렇다고 나 역시 사랑하는 사람에게 온전히 기대고 싶지는 않았다. 조금 기대어 마음 한편이 어느 정도 채워질 수는 있겠지만 어딘가는 늘 텅 빈 채 남아있다.

 언제부턴가 누군가에게 의지하지 않겠다고 결심했다. 그 다짐을 조용히 실천하고 있다. 하지만 채워지지 않은 그 빈틈을 마주할 때면 니조차도 견디기 어려워 어디에라도 기대고 싶은 충동이 목구멍까지 차오른다. 그래도 꾹 삼킨다.

내가 이런 혼돈 속에 존재하기 전에는 나 힘들다고, 울분을 토해낸 적이 있다. 말하고 돌아온 건 겨우 "네가 뭐가 힘들어?", "나도 힘들다.", "난 네가 부러운데 내가 더 힘들지." 같은 말들. 새삼 깨달았다. 사람마다 저마다의 고통을 품고 살아가며 내 고통은 오롯이 혼자 안고 가야 할 몫이라는 걸. 어디에도 말할 곳이 없을 때는 하늘을 바라본다. 그리고 속삭여 본다. 광활한 하늘만큼은 드넓은 품으로 내 마음을 다 안아 줄 것만 같았다.

　　그래서 나는 내 이야기를 말하기보다 쓰는 것을 좋아한다. 내가 글을 쓰는 이유다. 내 이야기를 쓰는 것보다도 다른 사람의 이야기를 듣는 것을 더 좋아한다. 내가 책을 읽는 이유다. 내 이야기를 해본 것보다도 들어주는 시간이 쌓이면서 책을 만들고 싶다는 작은 열망이 자리 잡았다. 언젠가 누군가가 내 이야기를 귀 기울여 들어줄 거란 소박한 기대와 함께.

　　정작 스스로에게는 내 마음이 안녕한지 묻는 일이 쉽지 않다. 가끔은 고작 몇 달 전 내가 쓴 글을 다시 읽어본다. 그 글 속의 나는 내 마음을 달래주는 법을 알았으며 야심과 희망이 가득 찼다. 그랬던 모습이 지금은 간데없이 사라져 버렸다. 다시 돌아가려 한다. 한때 내 마음과 소통했던 방식, 그 마음을 다시 기억해 내며. 어느 누구에게도, 세상 누구에게도 연결되려 하지 않고 온전히 나로서 존재하기 위해 홀로 서려 한다.

조용함이 주는 다정함

　청각 장애인, 난청을 겪는 이들, 보청기와 인공 와우를 착용하는 사람들은 꽤 어쩌면 비슷한 공감대를 공유할지도 모른다. 사람의 눈을 바라보는 데 더 많은 힘을 쓰고 입 모양을 살피는 데 집중하게 된다. 이들이 자주 내세우는 장점이 있다. 타인의 말을 잘 들으려 늘 애쓰다 보니 자연스레 경청에 능해진다는 점이다.

　보청기를 처음 착용했던 순간을 아직도 선명하게 기억한다. 경희대학교 병원에서 담당 의사 선생님이 내 귀에 보청기를 끼워주셨고 잘 들리는지 확인을 위해 부모님께서는 곰 세 마리 노래를 불러주셨다. 난생처음 듣는 수많은 잡음과 과하게 울리는 소리였다. 끼기 싫다고 떼를 쓰던 것도 기억한다. 지금은 보청기 없이는 일상생활이 어려울 만큼 많이 의지하며 살아가고 있다. 들리는 소리는 어쩌면 가짜일지도 모른다. 아직도 사람들의 얼굴을 보지 않으면 목소리를 구분하기 어렵다.

바쁜 일정을 마치고 집으로 돌아가던 길이었다. 지하철 안을 가득 채운 소음은 여전히 익숙해지지 않는다. 오늘은 유독 견디기 힘들어서 보청기를 빼버렸다. 소리가 잠잠해지니 책을 읽는 것에 집중할 수 있었다. 조용함이 주는 다정함이었다. 귓속으로 에어컨 바람이 고스란히 전해졌다. 고요해도 세상이 완전히 나직해지는 건 아니다. 지하철 바퀴가 굴러가는 미세한 진동 소리는 들린다. 마치 휴대전화 진동모드와 비슷하다. 어떻게 설명해야 할지 잘 모르겠다. 나조차도 16년 동안 소리를 들으며 살아왔기에 오랜 시간 이어진 이 고요함은 처음이었고, 유난히 낯설었다. 이렇게 들리지 않는 세상을 온전히 마주하게 되었다.

집에 도착할 때까지 다시 보청기를 끼지 않기로 해 보았다. 다른 사람들은 알아채지 못할 거울 속 똑같은 내 귀를 바라보기도 했다. 청각이 사라지니 모든 신경은 시각에 의존할 수밖에 없었다. 경계 모드로 전환되었다. 혹시 누가 나에게 말을 걸지 않을지, 좁은 골목길에서 뒤에 차가 오는 걸 인지하지 못할지, 사고가 나지는 않을지. 무음에 잠길수록 속은 더 문드러졌다. 견디지 못해 집에 도착하기도 전에 다시 보청기를 착용했다. 이미 문드러진 마음은 유음 이후에도 나아지지 않았다. 들리지 않는 것에 무감해지고 싶지 않다고 생각하게 되었다. 어차피 소리는 존재한다고 해도 한 사람의 발소리, 선선히 불어오는 바람 소리는 들어본 적도 없다. 내 목소리가 어떤지도 잘 모른다.

나도 청각 장애인이지만 정말 아무 소리도 듣지 못하는 사람들의 마음이 고이 느껴졌다. 목소리를 듣지 못해 침묵하게 되는 건 나도 마찬가지였다. 보청기를 빼고는 목에 힘이 들어가지 않아 기어들어 가는 목소리라고 엄마가 말한 뒤로 잘 말하지 않게 되었다. 휴대전화 메모를 열어 타자를 나누는 걸 더 선호한다. 지금껏 들으며 지내온 것처럼 들리지 않는 채로 새롭게 16년을 살다 오면 다시 소리가 낯설어질까.

하고 싶은 말이 있다. 어떤 방식으로라도 소통하고 싶은 마음은 똑같이 간절하다는 걸. 한마디라도 더 나누려는 노력은 같이해 줬으면 좋겠다. 단순한 배려보다 더 중요한 건, 함께 살아가는 방식을 고민하는 일이라는 걸. 목소리가 들리지 않아도 마음은 충분히 들을 수 있다는 것을 기억해 줬으면 좋겠다. 슬프지는 않다. 그러니 동정은 하지 않아도 된다. 이건 내게 주어진 삶의 과제이고, 스스로 풀어나가야 할 문제다.

고요를 견디는 연습

 글을 쓰는 행위에 대해 자주 생각하게 되었다. 어떤 사람은 고요한 순간을 꼭 필요로 해서, 세상의 모든 청각적 요소를 차단한 채 오로지 나에게 집중하고 싶어서, 스스로를 말로 설명하기도 어려워 글로 풀어내기 위해서. 왜 글을 쓰는지에 대한 하나의 이유로 정의하기란 나에게는 참 어려웠다. 다만 여러 이유가 있다는 건 그만큼 글쓰기의 장점이 많다는 뜻이다.

 잠잠한 것에 익숙한 사람이지만 그 고요함을 좋아하지는 않는다. 잠자는 시간을 제외하면 조용할 때는 거의 없다. 억지로라도 무언가를 들으려는 습관이 생겨 늘 귀를 쫑긋 세우고 다닌다. 한 번은 냉장고 모터가 돌아가는 소리가 유난히 크게 느껴져 무서움에 사로잡힌 적도 있다. 그런 나에게 고요를 유일하게 받아들일 수 있는 방식이 있다면 오직 글을 쓰는 일뿐이다. 글을 쓸 때만큼은 세상의 어떤 매서운 공기도 느껴지지 않는 것만 같다.

출간기획서를 작성하면서 자연스레 이런 생각에 닿게 되었지만 기획 의도를 쓰는 일이 꽤 힘들었다. 분명 글쓰기가 좋아서 시작하게 되었고 그 행위 자체에 의의를 두고 있었기에 그 이상의 의도를 생각해 본 적이 없었다. 그래서 기획서를 쓰면서 글의 구조와 독자의 시선을 더 고민하게 되었다. 내 글을 읽고 어떤 감정을 느낄지, 어떤 비평을 할지를 떠올려봤다. 내가 믿는 글의 힘이 과연 처음 만나는 사람들에게도 온전히 전해질 수 있을지 걱정이 앞섰다.

전공과 무관하게 글쓰기를 전문적으로 하고 싶다는 마음이 점점 진해지고 있다. 불과 일주일 전까지만 해도 문예창작과 복수전공을 포기하려고 했었다. 출판 편집자라는 새로운 꿈이 손바닥 위에 펼쳐지면서 아동학 전공 공부를 할 때보다 훨씬 더 의욕적인 나를 볼 수 있었다. 복수전공은 내년에 시작할 수 없으니 바로 다음 학기부터 시작해야 한다. 그렇기에는 준비해 놓은 포트폴리오도 없고 글쓰기를 제대로 배워본 적도 없어서 지금의 나를 설명할 무언가가 부족하다. 지금 당장 휴학해서 책을 펴내고 글쓰기 수업을 듣고 싶은 생각뿐이다. 짧은 시간 동안 쏟아낸 고민이 설령 내 앞길을 막는다고 해도 후회하지 않을 거란 사실만큼은 분명하다.

어느덧 하삼분 - 하루 삼십 분 독서, 글쓰기, 운동을 인증하는 온라인 모임 - 을 시작한 지 5개월째에 접어들고 있다. 블로그에 하삼분을 검색해 내 글을 읽어주는 사람들도 많이 늘었다. 참여하면서 새로운 작가님들도, 나와 비슷한 출발선에 선 사람들도 만나볼 수 있어서 참 소중하다. 매일 뭐라도 하나를 꾸준히 해내는 일이 얼마나 어려운 일인지 알고 있다.

그렇기에 그 어려운 일을 하는 사람들 옆에서 나는 야금야금 물으며 조금씩 크고 싶다. 나중에는 어떤 성체가 되어 있을지 자주 상상하고 있다. 물론 완전한 성체는 이 세상 어디에도 존재하지 않는다는 걸 안다. 그래서 우리는 모두 완전해지기 위해 계속 쓰고 살아가는 것이 아닐까.

충만함을 잊은 시간

　오늘이 6월 1일이라는 사실을 잊은 채 다이어리에 '2025. 05'까지 쓰다 지웠다. 하루를 허투루 보내지 않으려 날짜를 세며 살아온 터라 당황스러웠다. 그런데도 눈을 감았다 뜨면 한 달이 훌쩍 지나가 있기가 일쑤다. 어느덧 일 년의 중간, 6월. 1월의 다짐도 12월의 회고도 아닌 어정쩡하게 흔들리고 있는 감정 속에서 이번 달을 어떻게 보내야 할지 감이 오지 않는다.

　평일 오전, 오후, 주말 오후까지 일하고 쓸거리 없는 주제를 억지로 끄집어내어 글을 쓰며 다시 책을 읽고 마음에 문장을 품는 일. 5월에 예정되어 있던 영월 여행도 부족한 재정 탓에 가지 못해 아쉬움만 남았다. 어디론가 떠나버리고 싶다. 한곳에 뭉쳐 있는 이 응어리를 누군가 풀어주진 못하더라도 무성한 나무 사이로 스치는 바람이 대신 풀어주기를 바라는 마음뿐이다.

아무나 붙잡고 하소연하듯 털어놓고 싶었다. 아무도 내 인생을 대신 살아줄 수 없고 선택의 몫은 온전히 나에게 있다는 걸 알면서도 무엇이 옳은지 알 수 없는 순간이 있다. 미래의 불확실함은 점점 더 나를 불완전하게 만든다. 어쩌면 원래 미래라는 것 자체가 그런 속성을 지닌 것일지도 모른다. 우리는 모두 불완전한 미래를 견디며 그 안에서 최선을 다해 완전한 지금을 살아내고 있는지도 모르겠다.

그래도 일방적인 대화가 필요한 시점인 것 같다. 나 자신과의 대화만으로는 충분한 타협이 되지 않는다. 나부터 나를 믿어야 한다는 걸 알지만 응원받고 싶은 마음은 하룻밤 자고 일어나도 도무지 가라앉지 않았다. 그래서 때로는 고립을 선택한다. 누구도 지나가지 않는 그 자리로 나를 몰아넣으면 답은 나오지 않을까 하며.

뭐라도 하려는 마음과 실천에서 오는 이 충만함을 잊은 지 꽤 오래다. 그래도 동아줄을 쥐듯 스스로를 꼭 잡아두고 놓아버리면 모든 게 끝일 거라는 생각까지는 하지 않는다. 누군가 말했던 것처럼 젊음과 청춘을 후회에 쓰지 말라고. 남들과 속도가 다르더라도 느릴 수 있음은 잊지 않으려 한다. 당신들은 응원을 받고 계신가. 그것도 충분한 응원을. 비록 응원받지 않더라도 스스로를 나아가게 하는 힘은 어디에서 가져오는지, 문득 물어보고 싶다.

말을 품고 살아가야 하는 사람이라면

 깊거나 얕은 물을 가리지 않고 첨벙 뛰어들어 보기도 하고, 헤엄쳐 빠져나오지 못한 순간도 많았다. 지금은 창작이라는 폭우 속에 한참을 맞고 서 있다. 앞길이 흐릿하게 트여도 안심은커녕 마음에는 먹구름이 가득하다. 하지만 발끝만 담근 것이 아니라 발목까지는 확실히 적셨다. 나는 그 물의 깊이를 느끼고 있다.

 매일 영감을 받아야 한다면 과연 무엇을 눈에 담을 수 있을까. 그보다 먼저 많은 것을 담을 수 있는 그릇이 되는지부터 따져야 할지도 모른다. 예술 창작의 영역에 나는 발을 얼마만큼 들인 걸까. 단지 내가 걷고 싶은 이 길을 함부로 밟아도 되는 걸까.

존중과 경외감으로 바라보는 이 길은 나에게 처음이다. 그 길에 발을 들이는 일이 누군가의 세계를 훼손하지는 않을까. 예술이라는 거대한 단어에 나를 얹어도 괜찮을까. 걸음을 뗄 일만 남았다 해도 그 첫걸음은 나를 어디로 인도해 주려나.

텅 빈 무언가에서 형체를 만들어 내는 창작 과정은 언제나 고통스러운 일이다. 그럼에도 이 고통을 즐기고 있음은 틀림없다. 그래서 과정을 거친 노력과 드러난 감정을 더 깊이 이해할 수 있고 나 자신을 사랑할 수 있음을 비교적 최근에 깨달았다. 나에 대한 연민이 없었다면 그 사실을 깨닫지 못했다면 나는 지금 이 세계에 존재하지 않았을지도 모른다.

예술은 누군가에게 보여주기 위한 결과물일 수도 있지만 동시에 내가 나를 이해하기 위한 도구일 수도 있다는 걸 조금씩 받아들이고 있다. 결과물에 따르는 비교는 피할 수 없었다. 이제는 안다. 비교는 창작을 멈추게 하고, 열등감은 마음을 닫게 만든다는 걸. 그러므로 나만의 속도를 지키는 것이 가장 어렵고 중요한 일이라고. 느릴지라도 더 느린 속도를 포용할 수 있는 잔잔한 물결 같은 마음을 지니고 싶다.

아무도 읽지 않아도 아주 느리고 누군가 우습게 볼지라도, 이 문장을 쓰는 동안만큼은 내가 살아있다는 느낌이 든다. 이것이야말로 예술 세계에 존재할 수 있는 최소한의 조건일 수 있다고 생각했다. 문장을 고르고, 감정을 다시 들여다보고 말로 표현해 보는 그 과정에서 나는 나를 다시 살려내고 있다.

언젠가는 이 길이 내게 맞지 않다고 느낄지도 모른다. 어느 날 갑자기 아무런 생각도 떠오르지 않을 수도 있다. 그럼에도 지금만큼은 계속 쓰고 싶다. 내 안에 말을 품고 살아가야 하는 사람이라면, 언젠가 그 말들이 나를 구할 거라는 믿음을 버리지 않기로 했다. 과거에 써두었던 내 글들이 내게 위로가 되어 준 것처럼. 비록 한 문장을 쓰기 위해 하루 종일 멍하니 있어야 하더라도 그 멍한 시간이 결국 나를 만들고 있음을 이제는 안다.

먼저 출렁여 줄 수 있는 친구

　최근 며칠간 해가 기분이 좋은지 맑은 날씨만 보여주었다. 그 기분이 얼마나 갈까 싶어 예보를 검색해 보니, 모레쯤 올 예정이었다. 그래서일까 유독 하늘을 자주 바라본 날이기도 했다. 수업을 옮겨 다니는 중에 건물과 나무들 사이에 낀 구름이 너무 하얘서 그 자리에 멈춰 섰다. 그런 장면을 잘 담기 위해 사 두었던 아이폰 6을 꺼내 들었다. 평소라면 몇 장을 연달아 찍고 지나쳤지만 바쁘게 움직이는 사람들 사이에서 혼자 사진을 찍는 일이 부끄러웠다. 그래도 어쩌면 여러 장을 찍었더라도 결국엔 이 한 장만 남겼을지도 모른다.

언제부턴가 하늘이 품은 구름을 보며 걷는 날이 많아졌다. 버스를 타러 가는 길에도, 비좁은 골목을 거닐 때도, 깜깜한 밤 흐릿하게 보이는 구름을 담겠다고 멈춰 선 순간도 있었다. 지난달에는 이런 글을 쓴 적이 있다.

'새삼 깨달았다. 사람마다 저마다의 고통을 품고 살아가며, 내 고통은 오롯이 혼자 안고 가야 할 몫이라는 걸. 어디에도 말할 곳이 없을 때는 하늘을 바라본다. 그리고 속삭여본다. 광활한 하늘만큼은 드넓은 품으로 내 마음을 다 안아줄 것 같다.'

다시 읽어보니 하늘은 정말 무한해서 내 마음을 아무리 털어내도 그 말들을 들어줄 수 있는 유일한 친구 같다는 생각이 들었다. 한없이 넓은 하늘을 떠올리다 보니 하늘과 맞닿아 있을 바다가 생각났다. 사실 시시때때로 볼 수 있는 하늘보다 도시 한 가운데 살아 자주 보지 못하고 점점 좁혀지고 있는 바다가 더 그립고 좋다. 무한한 하늘보다는 유한한 바다가 주는 여운이 더 깊게 느껴진다.

바다와 이웃 친구인 하늘이 흐린 날에는 바다도 어두워지고 맑은 날에는 함께 투명해진다. 내 곁에 나와 함께 울고 웃어주는 친구가 있다면 꿈만 같고 기적과도 같을 것이다. 그래서 나는 그런 사람이 되고 싶다. 하늘처럼 어떤 마음이든 다 품어줄 수 있는 친구. 바다는 유한해서 마음을 다 품어줄 수는 없겠지만 슬픔이 넘치기 전에 먼저 출렁여줄 수 있는 친구.

가끔은 구름 한 점 없는 회색빛 하늘을 보면 내 마음도 같이 흐려진다. 어쩌면 내가 하늘의 친구가 되어 준 걸까. 그래도 구름은 잠시 숨은 것일 뿐이니 그걸 나 자신을 가두는 이유로 삼지는 말자고 다짐해 본다. 누군가에게 나는 무한할 수 있을까. 아니면 유한할까. 아마도 이 질문들은 앞으로 살아가는 동안 오래도록 품어야 할 답 없는 질문일지도 모르겠다. 하지만 그 물음들 곁에 있다면 살아가는 하루하루가 조금은 덜 막막해질 수 있을 것 같다.

언젠가 내 안의 바다와 하늘이 닿는 순간이 온다면, 오늘의 나를 다시 떠올려 볼 수 있었으면 좋겠다. 내가 나의 하늘이자 바다가 될 수 있기를. 그게 가장 깊고 진정한 사랑이기를 바란다. 나조차 이해하지 못한 마음이 나를 덮친다 해도 스스로를 먼저 품어주는 사람이 되고 싶다.

내가 쏟은 슬픔에는 엄마의 슬픔이 묻어날 수 없었다

 날짜를 또렷이 기억한다. 17일이 된 지 얼마 지나지 않은 새벽 두 시다. 사놓고 읽지 못한 책이 수두룩하다. 눈에 문장을 좀 담아두려, 오후에 엄마가 했던 말이 불현듯 떠올라 흠칫했다. 그 순간을 기억하기 위해 손에 볼펜을 쥐었다.

어젯밤에 너 카톡 프사 보고 엄마 펑펑 울었다
너네 고만할 때의 사진을 엄마는 못 봐 너무 가슴 아파서
지금도 눈물 나네
엄마 인생에서 가장 힘들고 슬펐던 때지
앞으로 뛰어가는 너한테 아무리 승지야 승지야
소리 질러서 불러도
안 쳐다보고 안 오길래 쫓아가서 막 혼냈었지

볼 꼬집으면서 왜 엄마가 불러도 안 오냐고
안 들리는 줄도 모르고
너희 어릴 때 사진을 엄마는 아직도 못 봐
6살 때 보청기 꼈으니까
그 전 사진은 진짜 보기만 해도 눈물이 나
유치원, 초등학교, 중학교, 고등학교, 대학 입학까지....
모든 것 엄마 손 거쳐서 다 키워놓고 나니까
엄마 인생에서 큰 숙제 하나 끝낸 기분?
지금도 가게 하느라 힘들긴 하지만
너희 키워놓고 나니까 진짜 힘든 건 다 지나간 것 같고 그래
이젠 너희 스스로가 엄마 손이 그리 필요하지 않으니까
어제 니 카톡 프사 보고 그래서 펑펑 울었어
고만할 때 사진 보니까
언제 이렇게 커버렸나....
내가 너희 키운 그 긴 세월이 벌써 끝났네
이젠 엄마가 그렇게 많이 걱정 안 해도 되겠지?

    엄마가 도대체 언제 울었을까. 나는 그 소리조차 듣지 못해 그게 너무 원망스러웠다. 분명 그 문자를 읽었을 때는 한 문장도 길다고 느껴지지 않았다. 내가 아는 엄마는 약한 사람이었다. 내가 하고 싶은 일에 함께 웃기보다는 이유 없이 반대부터 하셨다. 하고자 하는 일에는 이유를 묻기보다 늘 한마디쯤 덧붙였다. 지금 이렇게 쓰고 나니 엄마가 그동안 한 말과 행동을 이제서야 이해할 수 있었다. 이제 와서 엄마의 한탄을 듣고 깨달았다. 엄마가 한평생 품고 견뎌낸 슬픔과 고통을 온전히 이해할 수 없다는 사실이 나를 괴롭게 했다.

눈물인지 콧물인지 모를 슬픔을 다 쏟아내어도, 내가 쏟은 슬픔에는 엄마의 슬픔이 묻어날 수 없었다. 엄마가 흘렸을 눈물의 깊이는 그 어떤 문장으로도 다 담을 수 없을 것이다. 자신의 모든 것을 포기해 가며 살아온 긴 세월 동안 엄마는 과연 무엇을 가장 하고 싶었을까. 오늘도 또박또박 내뱉던 엄마의 말이 떠오른다. 지나가는 말로 내가 가족들은 나에게 관심이 너무 많다고 했고 엄마는 제발 아무나 엄마한테 관심을 좀 가져달라고 말했다.

어릴 적부터 들리지 않는 귀로 엄마의 말들을 무심히 흘려보낼 수밖에 없었지만, 나는 왜 지금도 엄마의 일생을 깊이 궁금해하지 않았을까. 끝없이 나를 덮쳐오는 부끄러움에 오늘은 긴 잠을 자지 못할 것 같다. 그렇다면 엄마는 단 한 번이라도 마음 편히 잠들어본 적이 있었을까. 또다시 엄마의 목소리가 고스란히 들려온다. 엄마는 죽어서 평생 자고 싶다고. 엄마는 아마 세상에서 가장 강한 여자일 것이다. 나는 단단해지고 싶었고 흔들리지 않으려 애썼지만 엄마는 애쓰지 않아도 이미 하루하루를 버텨야만 했던 삶을 살아온 사람이다.

엄마를 닮아 손재주가 좋고 글을 쓰는 나인데 정작 엄마는 빈곤 탓에 미대 진학을 포기해야 했던 장녀였다. 그 심정은 어땠을까. 이름도 모를 여러 일을 해 오며 지금껏 버텨온 엄마의 일생 앞에서 내가 감히 무엇을 말할 수 있을까. 엄마는 단 한 번이라도 자신을 위해 살아온 적이 있을까. 평생 후회는 절대 하지 않을 거라고 말했지만 지금 순간에 가장 막심한 후회가 밀려왔다.

엄마가 돌아가시면 어떡하지. 그때는 엄마도 포기하지 않은 삶을 내가 스스로 끊어버릴 것만 같다. 엄마에게 미안하기만 해서는 안 되는데. 내가 세상에서 가장 좋은 사람이 되더라도 그게 엄마의 지나온 시간을 바꿔주지 못한다는 게 너무나도 쓰라리다.

앞으로 나는 어디서부터 시작해야 할까.
엄마의 손을 어떻게 잡아주어야 할까.

꽃을 닮고 싶은 청춘

　졸린 눈을 비비며 프린터기와 한바탕 실랑이를 끝내고 나서야 노트북과 연결이 되었다. 부모님이 작성해 주신 무상임대차계약서를 출력하고 또다시 구청으로 향했다. 이번에는 무사히 신고를 마쳤다. 5일 뒤에 출판 필증이 나온다고 했다. 오늘 당장 손에 쥘 수 있을 줄 알았는데 아니었다. 신입의 얼굴은 항상 설렘을 안고 있어서, 혹시나 출판사의 고충을 검색해 보기도 했다. 김칫국 마시고 싶진 않았지만 속은 이미 몽글몽글했다.

　하지만 몸은 집 가는 길에 너무 힘들었다. 감기 몸살로 몸에선 힘이 축 빠져나갔다. 정신을 차리고 보니 이십 분 거리의 집을 향해 걸어가고 있었다. 아침에 육백 원밖에 남지 않은 교통카드 잔액을 확인했을 땐 다른 카드를 쓰면 될 문제였다. 골목을 지나오면 공사가 한창이다. 초록 철망 사이로 데이지가 여럿 피어 있었다. 몇 번을 지나치다가도 다시 돌아가 사진을 찍었다. 키가 크고 흰옷을 좋아하는 게 참 나를 닮았다고 생각했다. 내가 꽃 같다는 말은 아니다. 그저 꽃을 닮고 싶은 어린 청춘일 뿐이다.

사진을 찍고 들여다보던 중 엄마에게 연락이 왔다. 외할머니가 암에 걸리셔서 오늘 입원하셨다는 소식이다. 이번 주말에 이모가 부산으로 내려갈 때 나도 함께 갈지 결정하라고 하셨다. 엄마는 조부모님과 왕래가 거의 없지만 한 번도 뵌 적 없는 할아버지가 암으로 돌아가셨을 때 많이 속상해하셨다. 외할머니의 병을 전하는 엄마의 문자에는 담담함이 묻어났다. 그 덤덤함이 너무 슬펐다.

새벽녘 엄마 생각에 한참을 울다 겨우 잠에 들었다. 연달아 이런 소식을 들으니 숨이 한결같이 이어지지 않았다. 아직 내 주변에는 큰 병이나 죽음을 겪은 일이 없었다. 폐암 4기라는 무력한 병명을 듣고 난 후에는 무슨 생각을 해야 할지 몰랐다. 현실을 부정하고 싶었다. 부산에 갈 마음이 없어 보이는 엄마에게 내가 주방을 봐주겠다고 말하려 해도 도무지 입이 떨어지지 않았다.

노트북 앞에 앉아 하염없이 울었다. 내가 대체 누구를 위해 이렇게 욕심을 부리고 있는 걸까. 내일 예정 된 묵호 여행도 취소하고 글도 쓰고 싶지 않았지만 그러지는 않았다. 그저 반성의 시간을 갖기로 했다. 앞날도 희망도 없이 살아가는 사람들이 바로 곁에 있는데 혼자 무엇을 하고 있던 건지 회의감만 들었다. 엄마한테 너무 미안했다. 병문안을 가도 할머니의 얼굴을 똑바로 보지 못할 것 같다. 아무것도 하고 싶지 않아졌다.

  돌아보면 나는 늘 가진 것에 만족하지 못했다. 바보처럼 감사할 줄도 모르는 것 같다. 왜 이토록 욕심이 많고 이기적이기만 했는지. 가까운 사람들을 챙길 줄도 모르면서 나 하나 잘살자고 발버둥 친 내 모습이 그저 한심했다. 오늘도 출판사 신고했다고 들뜬 얼굴로 자랑하고 응원만을 바라던 내가 미워졌다. 이 슬픔을 혼자 견디기는 벅차서 누구에게라도 말하고 싶었지만 그럴 수 없었다. 어쩌면 지금은 홀로 묵념해야만 하는 순간인지도 모르겠다.

묵호에 띄운 유예된 말들

새벽 네 시 반에 일어나 여섯 시에 출발하고 일곱 시 반 기차를 타야 했다. 일어나지 못했고 뜬눈으로 밤을 지새웠다고 말하는 게 더 옳겠다. 밤부터 이어진 우울과 슬픔이 잠을 허락하지 않았다. 눈은 뻑뻑했지만 다행히 머리는 맑았다. 모두가 자는 집에서 조용히 나왔다. 나만 깨어있는 것만 같던 긴 새벽을 지나 이른 아침부터 산책하는 노부부, 버스와 지하철 안을 가득 채운 사람들을 보며 조금은 안도감이 들었다.

묵호에 내려 도로를 따라 걸었다. 간판 그대로 고향집 손맛이 느껴지는 옹칼국수를 먹었다. 소품 가게와 책방을 둘러보기도 했다. 예전에는 책방을 가면 무슨 책이 있나 훑어보았지만 이제는 내 책이 입고된다면 어디쯤 놓일지 상상하게 된다. 조금씩 독립출판의 세계에 발을 디디고 있다는 게 실감 났다.

모든 길이 바다의 잔빛처럼 반짝였다. 하루이틀 뒤에 비가 온다는 소식을 피해 급히 떠난 여행이었지만 아무리 둘러보아도 비 올 조짐은 보이지 않았다. 햇살 아래 논골담길을 따라 걸어 바다를 마주했다. 언젠가 바다를 마주했던 지금의 나를 잊게 되더라도 내 발걸음이 머문 그 바다는 나를 오래도록 다정히 기억해 주겠지. 일 년 뒤의 나에게 보내는 느린 우체통에 엽서도 넣었다.

　'2025.06.18. 마음을 추스르고 좋은 기억으로 남았으면 좋겠다. 일 년 후의 너는 지금 어떠니. 혹시 힘들다면 지금의 내가 너를 다 품어주고 싶다. 우리 아프지 말자.'

　해안가를 따라 한 시간을 걸었다. 걸을수록 하늘은 더 개어갔고 바닷물은 투명해져 나를 다 담을 것만 같았다. 바위 사이 끼어있는 수많은 이끼도 보았다. 이끼는 바닷속 생물의 영양분이 되어 준다. 내 마음에도 그런 이끼가 끼어 다른 사람들의 양분이 되어 주고 싶다. 내 마음이 필요한 곳은 어디에 있을까. 저 멀리 바다의 끝 어딘가에 있을까.

　바다를 유유히 헤엄치는 물고기가 되고 싶다가도, 나는 영영 갈피를 잡지 못한 채 표류하게 될 것 같다. 그래도 바다를 바라보는 순간만큼은 아무 생각이 들지 않았다. 긴 한숨이 저절로 쉬어지기도 한다. 바다 위에 드러난 바위를 보며 자리를 지키는 꿋꿋한 존재들을 볼 때마다 가슴이 미어진다. 언젠가는 그 바위도 거센 물살에 못 이겨 제 형태를 잃어가겠지만.

통창 너머 바다가 한눈에 보이는 카페에서 잠시 숨을 돌렸다. 돗자리를 까는 한 연인과 여자를 계속 찍어주는 남자가 보였다. 저 연인은 손을 맞잡고 함께 바다에 뛰어들었다. 다른 곳에서 여자는 남자를 한 번도 찍어주지 않았다. 그들 사이에 흐르는 오묘한 공기를 바라보며 나 역시 6월의 어정쩡한 마음과 다름없었다. 이 모호한 감정의 결은 원래 내 것이었나 보다. 극단적인 행복과 불행만 오가던 삶이 이제는 알록달록해지고 있다. 이럴 수도 저럴 수도 있는 거겠지.

엄마는 무슨 생각을 하고 계실까. 기차를 타기 전, 엄마가 일어날 시간도 전에 잘 가고 있냐는 문자 한 통을 주셨다. 물도 사 가라고 하셨다. 하늘보리에는 추억이 있다. 어릴 적에는 기차를 탈 때마다 생수도 아닌 하늘보리만을 고집했다. 비싼 것만 고른다는 잔소리를 들으면서도, 어느 날엔 엄마가 먼저 하늘보리를 사 오신 적도 있었다. 날 향한 엄마의 사랑은 언제 어디서나 함께였다. 나는 언제쯤 엄마를 다 안아줄 수 있을까. 엄마와 함께 바다를 보고 싶다.

카페에 앉아 한 시간이 넘도록 글을 쓰고 있다. 오전 무렵에는 고등학교 친구에게서 오랜만에 연락이 왔었다. 꽤 긴 글이었다. 글쓰기를 다시 시작하는 게 두렵다고 나를 존경한다는 내용이었다. 친구의 연락으로 나를 다시 돌아보게 되었다. 모두가 쉽게 이야기를 쓰고 털어놓고 세상에 내놓는 줄만 알았다. 하지만 그럴 수 있는 용기를 가진 건 내 성격이었다. 어쩌면 나는 누군가에게 용감하다고 불릴 만큼 본연의 색을 지닌 사람이 아닐까.

나는 왜 이토록 글을 붙잡고 있을까. 생각해 보면 글은 나를 붙잡아 놓는 수단인지도 모른다. 이 청춘을 놓치고 싶지 않은 마음은 미래에 대한 불안에서 오는 걸까. 흐르는 시간 속에서 나는 자꾸만 과거로 거슬러 올라간다.

해가 저무는 걸 지켜보며 해변가를 또다시 걸었다. 인적 드문 거리를 거닐며 노래 한 소절을 불러보기도 하고 소리를 차단해 바다의 풍경을 사진처럼 잔상으로 남겨두기도 했다. 힘들어도 마다하지 않고 걷는 행위를 의식했다. 묵호에 남긴 이 잔상과 일 년 뒤 꺼내볼 엽서가 다시 나를 이곳으로 데려다줄 수 있기를 바랐다.

여행이 마무리되어 갈 즈음, 묵호역까지 삼십 분을 걸어가기로 했다. 어둡고 희미한 불빛만 내비치는 가로등 밑을 따라 걸었다. 사람도 없고 차도 지나다니지 않는 그 몇 분 몇 초의 순간들이 무서워서 자꾸만 뒤를 힐끔거리며 걸었다. 좋아하는 목소리로 부른 커버 노래도 들으며 하염없이 걷기만 하는데 폭포처럼 흐르는 눈물을 주체할 수 없었다.

염치없이 외할머니께 문자를 드렸다. 보고 싶다고, 괜찮으시냐고. "왜 갑자기 보고 싶어? 대학 졸업하고 실컷 놀다 가라." 타자도 또박또박 잘 치셔서 할머니의 틀린 단어 하나 없는 말 한마디에 울컥하고 말았다. 있을 때 잘할걸. 어떤 사람들과의 이별을 맞이했을 때도 느껴보지 못한 후회였다. 묵호역까지 걸어가며 할머니와 나눈 그 삼십 분은 더없이 소중했다.

때로는 그 긴 길을 일부러라도 걸을 필요도 있다는 것을. 한 번쯤은 길게 걸어도 괜찮지 않을까.

나라는 사람이 희미해질 때

 실감이 나지 않는 건지, 현실을 부정하고 있는 건지 모를 생각들에 잠식되었다. 밤을 새우거나 일찍 일어나 빼곡한 일정을 소화해 내야 했던 5일을 보냈다. 주말은 어김없이 식당으로 출근했고 오랜만에 술 약속이 있던 덕분에 몸을 더 써야겠다는 생각까지 들었다. 몸을 혹사해야 술맛이 달다는 걸 너무 일찍 알아버린 건 아닐까. 퇴근하자마자 생맥주부터 들이켰다. 들이킨 만큼 소주를 따라주고 한 번 더 들이켰다. 유리문 너머로 지나가는 차들을 멍하니 바라보다 울 것 같다고 말하고는 그만 울분이 터져버렸다. 열심히 사는데 사는 이유가 정말 별거 있나 싶은 마음에서 올라왔다.

미안하다는 말을 연신 내뱉으며 자꾸만 흐르는 눈물이 나를 더 초라하게 만들었다. 여행에서 돌아온 며칠간은 글을 쓸 용기조차 나지 않았다. 무슨 말을 꺼내야 할지 모를 만큼 복잡한 생각들이 엉켜있었다. 처음으로 내게 괜찮냐는 말을 아무에게도 기대하지 않았던 슬픔에 연루되어 있었는지도 모른다. 그래서인지 누군가 조심스레 물어봐 준 좀 괜찮냐는 말이 쉽게 잊히지 않았다. 나라는 사람이 희미해져 갈 즈음, 정신마저 흐려져 집에 어떻게 들어갔는지 기억나지 않는 하루를 그렇게 흘려보냈다.

술을 많이 마신 것도 아닌데 힘든 마음과 감기 탓인지 숙취가 심했다. 정신을 온전히 차리지 못한 채로 다음 주에 일하게 될 호두과자 가게에 들러 레시피를 복기했다. 사장님께서 내게 호감을 느끼시고 고용을 결정해 주셨다. 지난겨울에 붕어빵을 만들고 팔았던 경험이 무척 즐거웠기에 이번에는 호두과자를 만들어보게 된 것도 설레는 일이다. 사장님은 내가 책을 좋아하고 글을 쓰며 동아일보 인턴에 지원한 것도 알고 계셨다. 그래서 내 관심사를 물어봐 주시면서 이미륵의 『압록강은 흐른다』 책을 추천해 주셨다. 책 이야기를 나누고 추천을 받는 그 짧은 순간에도 나는 쉽게 행복해졌다.

식당 아르바이트도 마치고 집으로 돌아와 키위 두 개를 먹으며 또 한 번 달고 확실한 행복을 느꼈다. 한동안 기가 빠질 만큼 울고 나서야 겨우 숨을 돌릴 수 있었는데 또다시 행복은 나를 찾아와주었다. 사는 게 별건가. 이렇게 별거 아닌 것들로 이루어져 있는 게 삶이라는 걸.

고작 그 하루, 의미 있게 만들어 가면 되지 않겠느냐고

호두과자 가게로 처음 오픈하는 날이었다. 출근이 열한 시 반이었지만 열 시 반까지 식당으로 출근해야 하는 엄마와 함께 차를 타고 나섰다. 호두과자 가게는 부모님 식당 맞은편에 있었고 우리는 그렇게 함께 출근했다. 조금은 이른 시간이었지만 식당에 들러, 남은 시간 동안 원고를 수정하다가 호두과자 가게로 향했다.

호두과자와 커스터드 붕어빵, 팥 붕어빵을 만들었다. 아직 다른 호두과자는 만들지 못했지만 뒤늦게 출근한 아빠가 가게에 들러주었다. 왜 왔냐고 물어보는 질문에 아빠는 자신이 첫 손님이 되어 주고 싶었다고 말했다. 그 말을 듣는 순간 아

빠만큼 다정한 사람은 또 있을까 잠시 고민했었다. 아빠가 사 간 호두과자와 붕어빵만큼 다시 반죽을 채우고 조심스레 굽고 한 사람 한 사람 정성껏 맞이했다.

일주일에 단 하루뿐인 아르바이트였지만 그 하루만으로도 나는 충분히 만족스러웠다. 아르바이트가 끝난 뒤에는 엄마 대신 주방에 들어갔다. 마감까지 이어진 설거지를 하며 마음 한편에서는 인턴 서류 1차 발표를 기다리고 있었다. 오후 여섯 시에 예정되어 있었던 발표는 아홉 시로 미뤄졌다. 그사이 설거지 속 손놀림은 점점 거칠어져 갔다.

자꾸만 튕겨 나가는 사이트와 사투를 벌인 끝에 결과를 보았다. 긴 명단 속 어디에도 내 이름은 보이지 않았다. 우선 선발 제도가 있었기에 당연히 붙을 줄만 알았던 나는 자만하고 있었다. 괜찮을 줄 알았던 마음이 쉽게 무너졌다. 실패를 받아들이기엔 나는 아직 너무 어렸다.

결과를 함께 기다렸던 엄마와 아빠에게 떨어졌다고 말했다. 엄마는 실패는 성공의 어머니라고, 우리 승지는 늘 행운이 따랐었으니까 실패도 좋은 경험이라고 말했다. 혼자 술을 마시고 있던 터라 그렇게 말하면 나는 눈물만 더 난다고 대꾸했다. 엄마는 내가 실패를 최대한 겪지 않도록 얼마나 뒷바라지를 해왔는지, 하지만 이제는 내가 어른이 되었기에 실패를 스스로 받아들여야 한다고. 엄마는 언제나 틀린 말을 하지 않고 늘 내 눈물의 이유가 되어버린다.

자만했던 지난날들을 떠올리며 후회했다. 이제 이 한 해를 어떻게 흘려보낼지 막막해졌다. 모든 것이 끝난 듯 구는 내 모습이 스스로도 한심하게 느껴졌다. 머리로는 알고 있었다. 인턴 하나 붙지 않았다고 내 길이 끊긴 건 아니라는 걸. 마음으로는 전부 다 끝난 듯이 실패의 맛을 보니 덤덤하게 삼키기 힘들었다.

그래도 항상 어떤 커다란 일을 맡지 않게 되더라도 가느다란 하루를 두텁게 만들 수 있는 내가 있다는 걸 안다. 앞으로 이 시간을 어떻게 채울지는 내 손에 달려있다는 걸 다시금 복기했다. 고작 그 하루하루를 내가 의미 있게 만들어 가면 되지 않겠느냐고. 오늘도 그렇게 내 손으로 한 조각의 하루를 구워 낸다.

그러니 오늘은 아주 작고 사소한 것부터 다시 시작해 보려 한다. 호두과자를 정성껏 만들었을 때처럼, 손님들에게 따뜻한 말 한마디를 건넸을 때처럼. 내 하루를 다시 따뜻하게 데워 가는 일. 어떤 결과로도 나라는 사람을 전부 정의할 수는 없지만 내가 쌓아 올리는 사소한 순간들이 언젠가는 나를 더 견고하게 만들어 줄 거라고 믿고 싶다. 실패는 끝이 아니라 다시 천천히 걸어갈 수 있게 해 주는 쉼표라는 걸 오늘에서야 조금 알 것 같다.

숨 고르듯 살아가는 마음

 자려고 누워서는 휴대폰만 만지작거렸다. 눈에 들어오는 건 없었다. 전하지 못한 말들이 머릿속에서 발을 동동 구르며 나를 재촉했다. 시간이 겹치는 무늬 같은 나날 속에서 조금은 풀이 죽었다. 이렇게 살아야 발자국을 남길 수 있을 것만 같으니까.

 마음은 가장 예쁜 얼굴로 흐름이라는 이름의 품에 기대고 싶은 욕심뿐이다. 머리는 달랐다. "너는 일을 해야만 해."라는 듯, 나를 내버려두지 않는다. 이렇게 저무는 시간 끝에 나를 눕히면, 아무리 팔을 뻗어도 쥘 수 있는 건 무엇이 있을까. 포기한 것 같다. 마음이 흘러가는 시간에 몸을 맡기고 싶은 게 아닌, 시간의 결 따라 한없이 떠밀려가고 있었다. 떠나버린 것을 다시 잡기란 밤하늘에 던지는 소원과 같지 않은가.

초창기에 써 둔 글을 읽고, 수정하기를 반복하는 일이 괴롭다. 지금은 피부 위로조차 끌어올릴 수 없는 감정들이 담겨 있다. 차마 돌아와 달라고 빌기에는 염치가 없다. 어떤 외부의 자극이 있었대도 결국 나라는 사람은 내가 만들어 가는 게 순리이니 받아들일 수밖에 없었다.

느끼고 있는 감정을 써도 끝이 없을 것 같다. 끝도 모를 감정들의 이름조차 다 알지도 못하면서 이렇게 내가 나를 밟는구나. 나를 짓누르고 있던 발끝이 내 것이었다.

고통을 떠안고 사는 친구가 내게, 지금 드는 감정을 다 적어 보라고, 한 감정이라도 입꼬리가 내려가지 않았다면 그건 긍정적인 신호라고 말해 주었다.

비열•무기력•불안•의심•슬픔•우울•그리움•자괴감•안도감•실망•두려움•초조함•서글픔•외로움•부담감

저기 저 안도감이 웃고 있네. 또 한 번 살아냈다는 생각에 안도의 숨을 느리게 쉬어 본다. 오래도록 숨을 쉬기 위해 숨 고르듯 살아가는 마음을 품으며. 새로운 달이 시작되지 않았는가. 흘리는 땀보다 더 무서울 눈물을 아끼며 애써야 하지 않겠느냐고 내게 묻는다.

소리를 바라보는 마음

　나뭇잎이 부딪히며 만들어 내는 바람의 소리가 청각을 다 차지했다. 바람이 나뭇잎이 부딪치는 소리를 만들어 내는 것이겠지만 내게는 바람 소리가 더 가까이 들린다. 지금도 노랫소리에 섞인 선풍기 돌아가는 소리를 들어보려 애쓰고 있다. 집 안에 풀어 놓은 앵무새들이 접시를 쨍그랑 울리는 소리마저도 학교에서 집으로 돌아오는 동생이라 착각해 문을 바라보았다.

　가사를 보지 않으면 들리지 않는 노랫말 소리. 사람의 눈을 마주 보지 않으면 들리지 않는 말소리. 누구의 목소리인지도 방향을 찾아 헤매야 하는 나침반의 침처럼 되어 본다.

사실 아무렇지도 않지만 평범하지 않다는 사실은 알고 있다. 이따금 평범함이 무엇인지 다시 찾아본다. 생각은 또 다른 생각을 낳듯이 내가 들리는 소리도 여러 형태로 들린다. 이 소리인가, 저 소리인가 하며 듣지 못한 새로운 소리를 발견하는 일. 이마저도 평범하지 않다. 흔히 평범해지고 싶다는 사람들의 이유는 많이 들어 봤다. 그래도 나는 이 삶이 좋다. 평범하지 않으면 뭐 어떤가.

소리는 곧 마음이다. 눈에 보이지는 않지만 마음이 기울어진 방향으로 흐르다가 어느새 나를 거쳐 다시 세상으로 흘러간다. 나는 그 흐름을 자주 놓치지만 가끔은 내 안에 머무는 소리가 있다. 그 소리를 놓치지 않으려고 오늘도 조용히 귀를 기울인다. 세상에 없는 언어로 울리는 그 마음을 조금 더 오래 바라보고 싶다.

형태 없는 난제 앞에서

 근 몇 달 전, 동생이 먼저 지원금을 받아 몇 년 만에 새 보청기로 바꿨다. 어릴 적부터 나보다 청력이 약했기에 새 보청기로 바꾸는 일쯤은 기꺼이 양보할 수 있었다. 나는 지원금을 받더라도 삼백만 원에 가까운 큰 금액이 부담되어 5~6년이 훌쩍 지나도록 보청기를 바꾸고 싶은 마음이 들지 않았다.

 사람들과 소통하는 일이 갈수록 많아지면서 청력이 꽤 떨어졌음을 체감했다. 전화를 받아도 왼쪽보다 오른쪽 귀가 더 잘 들리지 않았다. 노래를 들을 때도 거의 왼쪽 귀에 스피커를 가까이 대고 듣고는 했다. 누군가의 말을 잘 알아듣지 못할 때면 무의식적으로 왼쪽 뺨이 보이게 얼굴을 더 기울였다.

조금 더 늦기 전에 보청기를 바꾸자는 아빠의 말에 엄마와 함께 이비인후과에 갔다. 수없이 반복했던 검사였지만 이번에는 왠지 낯설게 느껴졌다. 헤드셋을 끼고 크고 작은 '삐' 소리에 맞춰 버튼을 누르는 익숙한 방식으로 예전처럼 쉽사리 반응하지 못했다. 청력이 전보다 많이 나빠졌다는 걸 직감했다.

삐-하는 소리가 정말 들린 건지 아니면 환청인지 모를 방음 검사실에서 나와 의사 선생님의 설명을 들었다. 마스크를 쓰신 탓에 말씀이 또렷이 들리지 않았다. 대신 엄마의 표정을 유심히 바라보았다. 진료실을 나오자마자 엄마에게 결과가 어떠냐고 물었다. 병원을 나가서 이야기하자는 엄마의 얼굴과 한숨이 모든 것을 말해 주었다. 아무 말 없이 힐끔 보기만 해도 얼굴에는 상심이 가득했다. 오른쪽 귀의 청력이 이제는 거의 남아 있지 않다는 말. 일반적으로 25dB 미만이면 정상 청력, 91dB 이상이면 소리 인식이 거의 불가능한 상태라 한다. 나와 동생은 늘 90dB을 넘지는 않았었다. 그런데 이번 검사에서 오른쪽 귀는 107dB, 왼쪽은 88dB로 측정되었다. 왼쪽도 결코 좋은 상태는 아니었다.

병원 진료를 마치고 엄마와 함께 카페로 가는 길에서 잔소리가 이어졌다. 귀에 좋지 않은 헤드셋은 이제 그만 끼고, 보청기를 빼서 귀를 좀 쉬게 하라는 말들. 아빠 역시 엄마에게 결과를 전해 듣고는 충격에 빠진 말투와 표정을 좀처럼 감추지 못하셨다. 정작 나는 아무렇지도 않았고 오히려 해맑았다. 한쪽 귀의 청력이 사라져도 정말 아무렇지 않을 것만 같았다.

새 보청기로 바꾸기 위해 먼 거리의 센터를 예약하고 여러 차례 방문해야 했다. 기억하기로는 3년 전쯤 보청기 볼륨을 높이기 위해 센터를 찾았던 적이 있다. 그때 볼륨을 조절한 뒤 잘 들리냐고 반복해서 물어보던 담당자 의사가 괜히 미웠다. 그 순간의 내 모습이 한없이 초라해 보였고 자존감은 그 자리에서 무너졌다. 스트레스를 유독 많이 받았던 상황이었는데 이번에도 그 과정을 다시 겪어야 한다는 생각에 어떻게 받아들일지 계속 고민하게 되었다.

바꾸기 전보다 훨씬 멀리 있는 거리에서도 내 말을 잘 알아듣는 동생을 보고 나서는 하루빨리 보청기를 바꾸고 싶다는 마음이 들었다. 아무 막힘없이 술술 대화를 이어가는 일이란 누군가에겐 그저 평범한 일일지 몰라도 나에게는 그렇지 않으니까. 작은 목소리, 뚜렷하지 않은 입 모양의 말을 듣고 싶다. 등을 돌리고 말하는 사람의 목소리도 또렷하게 들려왔으면 했다. 가능할지는 모르겠다. 아마 가능하지 않을 것 같다. 단지 목소리의 선이 조금은 더 선명하기만을 바랐다.

사람마다 가지고 있는 삶의 난제는 각기 다른 형태를 지녔을 것이다. 저마다 하나씩 난제를 안고 살아가며 그 난제가 무엇인지 발견하는 것 또한 삶의 일부일 것이다. 내게 주어진 난제가 어떤 얼굴을 하고 있는지 모르겠지만 무언가를 해결하기 위해 순간을 마주할 때부터는 조금씩 이겨내야 하지 않을까 생각한다. 일단 어떤 모습일지 모르더라도 무언가에 부딪치고는 봐야 한다는 것. 그렇지 않으면 내 형태조차 제대로 볼 수 없을 테니까.

우리의 공통점

조금은 망가진 삶을 사는 것 같다. 돈이 없다는 이유로 삶의 일부를 벌어야만 하는 현실을 온전히 받아들이지 못한 채 그저 그렇게 살아가고 있다. 얼마 전 청력 검사를 마친 뒤 새 보청기로 교체하기 위해 센터를 찾았다. 청각사께서 내 결과지를 한참이나 바라보시더니 보청기를 새로 맞추더라도 이미 고도난청이라 인공 와우의 도움이 필요하다고 연신 말씀하셨다. 인공와우는 한 번도 생각해 본 적 없었고 외관상 귀와 머리를 연결하는 모양새가 마음에 들지 않아 단호히 거절했다.

오른쪽 보청기는 교체한 지 7년, 왼쪽은 무려 12년이나 되었던 것처럼 내 귀는 이미 보청기에 훈련되어 있었다. 결국 처음의 계획대로 새로 맞추기로 했다. 일주일 뒤 다시 찾으러 오라는 말을 뒤로하고 식당 마감 아르바이트까지 마친 후 집으로 돌아왔다. 밤은 깊었지만 쉽게 잠들 수 없었다. 언젠가 내 오른쪽 귀가 전혀 들리지 않게 되는 날이 올까 봐 겁이 났지만 그 모습을 상상하는 것조차 쉽지 않았다.

경각심을 가져야 할 시기인 듯하다가도 그저 편안하고 근심 없는 삶을 살고 싶다는 마음만이 애꿎은 반항심처럼 일었다. 어쩌다 이 지경까지 오게 된 걸까. 마음은 괜찮다고 말하지만 머리는 이미 이성의 무딘 가장자리로 기울어 있었다.

새벽 시간의 갈피를 헤매고 있을 때 '아름다운 세상' 노래를 수어로 불렀던 어린 시절이 떠올랐다. 그 이유는 아마도 슬슬 수어를 배워야 한다는 뜨문뜨문한 압박에서 시작되었을 것이다. 그때의 영상을 재생하며 그 시절에는 미처 헤아리지 못했던 노랫말의 의미도 음미해 보았다. 분명 뭉클해야 마땅한 순간이었지만 내 두 손은 한 단어의 수어도 놓치지 않으려 분주히 움직였다.

그러고는 연관 검색어에 뜨는 '수어로 인사하기', '자기소개하기', '날씨', '취미 소개하기' 등을 연달아 시청하기 시작했다. 시간은 그야말로 쏜살같이 흘러갔다. 무엇이 내 이목을 사로잡은 걸까. 내게 남은 결핍들이 이토록 자연스레 충당되어 가는 시기는 지금뿐인 걸까. 괜히 다음 날 낮이 되어서도 수어를 복습했고 엄마에게 자랑하듯 보여주었다. 엄마는 "엄마도 수어 잘하지?" 하시며 저리 가라는 손짓으로 나를 물리쳤지만, 나도 딱히 수어 실력을 자랑하고 싶었던 건 아니었다. 아무렇지 않은 듯한 엄마의 뒷모습엔 이미 잔뜩 속상한 마음이 들었음이 분명했다.

아르바이트에 가기 전 들른 카페에서도 나는 사람들의 눈치를 살피며 수어를 따라 했다. 수어로 영상 통화를 하는 사람들을 가끔 볼 때면 신기해서 힐끔 바라보던 내가 이제는 그와 다르지 않은 사람이 되어 있었다. 절대 하지 않을 줄 알았던 수어를 배우고 있었고 주변엔 그때의 나처럼 나를 바라보는 시선들이 있었다. 아무래도 보청기를 낀 채 수어를 하고 있으니 이 사람이 청인인지 농인인지 헷갈릴 수도 있을 것이다.

고등학생 때부터 장애인 복지 카드를 발급받았지만, 지금까지도 여전히 고민하고 있다. 법적으로는 장애인으로 등록되어 있지만 그것이 현실을 부정하는 것만은 아니듯 나는 스스로를 장애인이라 단정 짓기 어렵다. 고도난청이라는 이름 아래 기계의 도움을 받으며 살아가고는 있지만 귀를 가린다 한들 비장애인과 비교할 필요도 없이 나는 스스로 멀쩡하다고 여긴다. 학창 시절의 나처럼 나에게만 요구되는 배려는 여전히 원하지 않는다. 사회적 시선 속에서 나약한 사람으로 보이는 것이 조금은 두렵고 나는 실제로도 약한 사람이 아니기 때문이다. 장애인이 아니더라도, 비장애인이 아니더라도, 결국은 혼자의 힘으로 세상을 헤쳐 나가야 한다는 점에서는 우리가 모두 그저 같은 이름의 삶을 살아가고 있을 뿐이다.

사라지지 않으려는 마음

 부지런히 눈을 뜨고 성수동으로 갈 채비를 했다. 말 없는 햇살의 뜨거운 열기가 모든 것을 말해 주는 듯했다. 집 근처에서 좋아하는 회덮밥으로 대충 배를 채우고 지하철에 올라탔다. 학교에 갔을 때처럼 그 시절의 기억을 더듬으며 똑같이 책을 펼쳤다. 지하철 소음을 한 번 의식하기 시작하면 고통에 시달리기 마련이지만 꾹 참아 냈다. 불과 몇 달 전 통학했을 때와 지금의 지하철 승차감은 너무나도 달랐다. 소음에 귀가 예민해지듯 마음의 다급함도 그에 비례했다.

 건대입구에 내려 인덱스숍 독립 서점에 들렀다. 서울국제도서전에서 사 온 수많은 책이 이미 책장을 지탱하고 있었지만 또다시 새 책들을 손에 쥐었다. 물론 읽고 싶었던 책을 샀고 표지에 눈길이 가서 고른 책이 세 권이다. 나에겐 책을 산다는 일이 그 이상의 의미를 품고 있다. 널리고 널린 책의 뒷면에는 그 글을 쓴 누군가의 무거운 마음이 얹혀 있다는 걸 알기에 조금이라도 여러 문장을 눈에 담아 두고, 책을 사서 수익을 보태 주는 것이 지금으로선 독자인 내가 할 수 있는 일이라 생각한다. 언제나 그런 경건한 마음으로 책방을 방문하고 종잇장을 펼쳐 본다.

노트북과 원고, 노트, 책이 든 무거운 짐을 들고 성수 거리를 걷자니 쨍한 날씨에 조금은 무리였다. 애초에 점 찍어 두었던 카페에 가서 작업할 생각이었기에 점포들을 뒤로한 채 자리에 앉았다. 저녁에는 비록 아르바이트를 가야 했지만 그 전에 시간을 내어 밖으로 나오는 일이 쉽지 않았다. 그런 내가 어제 마음을 먹고선 경복궁, 성수, 잠실, 해방촌이 적힌 돌림판을 돌렸었다.

기분을 전환하려고 나온 길에도 심각한 고민 덩어리들이 여전히 내 곁을 맴돌기만 했다. 그럴 때면 빠르게 휩쓸려 가기를 바라며 밤이 될 오늘을 상상하곤 한다. 도심 한가운데에서 행운 같은 별을 찾기란 이제는 참 어려운 일이니까. 가끔은 별똥별처럼 마음이 무너지기도 하고, 또 가끔은 대기를 뚫고 누군가의 마음에 착륙하기도 한다. 어쩌면 말 없는 침묵 속에는 소행성이 단순한 우주 쓰레기가 아닌 듯 다정한 감정 몇 개쯤 유영하고 있을지도 모른다. 나의 우주 같은 가슴속에는 사라지지 않으려는 어떤 마음이 있는지 속속들이 파헤쳐 보고 싶다. 무슨 마음들이 내게로 모이고 있을지 지금은 알 수 없지만 언젠가는 그 마음이 나를 안아 주리라 믿는다.

여름의 매미 소리

 늦잠을 잘 수 있는 날이면 그날 약속 시간 전까지 최대한 자고 일어난다. 친구와의 약속이 있었던 날이었지만 당일 취소되었고 식당 아르바이트에 가기 전까지는 시간이 충분했다. 소파에 누워 괜히 앵무새와 놀아도 보고, 책을 읽으며 뒹굴뒹굴했다. 그러다 엄마에게서 연락이 왔다. 새 보청기가 다 준비되었다는 내용이었다. 언제 찾으러 갈 거냐는 물음에 마침 별다른 계획도 없었던 참이라 지금 바로 가겠다고 대답했다. 오랜만에 바꾸는 보청기이기도 했고 얼마나 더 잘 들릴지 궁금했던 것도 사실이었다.

섭씨 33도의 더운 날씨였다. 굳이 예쁘게 보이고 싶어 반팔 위에 볼레로 가디건을 걸쳤다. 신기하게도 나는 주변에서 덥다고 연신 말하는 친구들 옆에서도 묵묵히 더위를 받아들이는 편이었다. 정말 덥지 않다고 믿으면 땀도 덜 흘릴 수 있다고 여겼다. 어떤 친구는 이런 나를 보고 아저씨 같다고 놀리기도 한다. 내가 그렇지 않다고 생각하는 것들은 아무렇지 않게 받아들일 수 있다고 믿었다.

겨우 보청기 센터에 도착해 청력 검사부터 받았다. 일주일 전 이비인후과에서 검사를 받았음에도 확실히 확인하고 싶어 다시 한번 검사했다. 병원에서보다 더 정성껏 검사받는 기분이었지만 결과는 비슷했다. 오른쪽 귀의 청력은 거의 남아 있지 않았다. 오른쪽 청력 그래프가 왼쪽보다 훨씬 가파르게 떨어져 있는 걸 보며 마치 이해하고 싶어 안간힘을 쓰는 사람처럼 애써 받아들이려 노력했다.

새 보청기를 착용하고 나서 이전 보청기보다 볼륨을 10% 이상 높였다. 훨씬 잘 들리기는 했지만 울리는 듯한 소리와 먹먹함은 쉽게 적응되지 않았다. 최신형 보청기는 블루투스 기능이 있어 전화나 음악을 직접 들을 수 있다는 점이 매력적이었다. 길을 나설 때마다 좋아하는 노래를 손쉽게 들을 수 있다는 생각에 속이 간질간질했다. 하지만 소음이 심한 장소에서는 자동으로 주변 소리를 줄이고 내 앞에 있는 사람의 목소리에 집중하는 기능은 그리 반갑지 않았다. 한 마디로 노이즈 캔슬링 기능이 있었다.

사실은 보청기를 바꾸면 그동안 놓쳤던 소리를 조금은 구분할 수 있을 줄 알았다. 가장 듣고 싶었던 건 사람들의 발걸음 소리, 멀리서 나를 부르는 목소리, 여름의 매미 소리였다. 그런데 그런 소리는 오히려 보청기에 소음으로 인식되어 차단된다는 사실이 내겐 적잖이 낯설고 아쉬웠다. 솔직히 아주 잠깐이라도 예전 보청기를 다시 끼고 싶은 마음이 들 정도였다.

저녁에 아르바이트를 나가서는 이전에는 들리지 않았던 천장 모터 소리와 음악 소리가 무척 크게 들렸다. 그러다가 저절로 주변 소음이 낮아지거나 사람의 목소리가 갑자기 커지는 순간마다 아직은 어색하고 혼란스러웠다. 무슨 소리인지 인식하려 애쓰는 뇌와 생각을 따라가는 마음은 금세 피로해졌다. 잠깐 눈을 감으면 그대로 잠들 수 있을 것 같을 만큼. 아빠에게 이 이야기를 했더니 듣지 못했던 소리를 들으면 당연히 피곤한 거라고 하셨다.

그 말을 듣고 나는 순간 아빠가 어떻게 알고 있는지 싶은 의문이 스쳤다. 그동안 나는 보청기를 끼지 않은 사람들이 해 주는 위로의 말들을 진심으로 받아들이지 못했다. 아직도 마음속 어딘가에는 듣지 못하는 사람은 나뿐이라는 고립감이 남아 있다. 그래서 어디에서도 속마음을 쉽게 털어놓을 수 없었고 위로를 받을수록 오히려 그들의 정상적인 청력이 부럽기만 했다. 참 못나고 어린 마음이다. 그런 부러운 마음을 꼭꼭 감춘 채 그럼에도 여전히 내 곁에 남아 주는 사람들에게 더 잘해 주고 싶은 마음뿐이다.

부럽다고 말하는 사람들을 좋아한다고 늘 말해 왔다. 어떤 열등감도, 자격지심도 담기지 않은 채로 부럽다고 말하는 솔직함은 어쩌면 존경심이 깔린 태도일지도 모른다. 내가 간절히 바라는 무언가를 누군가 가지고 있다면 그것을 인정하고 선망하는 마음은 결국 나 자신을 받아들이는 한 방식이 된다. 나에게 없는 것을 가진 사람들을 부러워하고 또 내가 가진 것을 함께 지닌 사람들을 같은 길 위의 동료로 받아들이고 싶다. 그렇게 서로의 모자람을 인정하고 스스로를 채워 나갈 줄 아는 사람이라면 그 누구보다도 단단하고 아름답지 않을까 생각한다.

장애의 유전

 사실은 이전 글에서도 자주 드러나듯 한 곡만을 반복해서 듣는 습관이 있다. 듣기만 해도 우울한 마음으로 나를 덮은 그 노래는 '좋은 밤 좋은 꿈'이라는 노래다. 이 노래를 원곡자의 버전이 아니라 크리에이터 김결님이 부른 커버를 특히 좋아하는데, 가사의 결을 더 깊이 헤아리게 만드는 목소리이기 때문이다.

 목소리를 제대로 구분하지 못하는 나임에도 유독 그 언니의 목소리는 가슴을 아리게 하고 눈물처럼 서늘하게 내려앉았다. 아르바이트를 하다가도 손님이 모두 나간 뒤 마감하며 그 노래를 낮게 흥얼거리곤 했다. 겉으로는 정말 괜찮았지만 마음이 쓰리고 저릿해질 때마다 스스로 당황스러웠다. 그 노래의 가사 중에 이런 구절이 있다.

"그댄 나의 어떤 모습들을 그리도 깊게 사랑했었나."

그 말은 마치 나에게 묻는 말 같기도 했다. 나는 나의 어떤 모습들을 그토록 깊이 이해하려 하고 애써 사랑하려 하고 있었던 걸까. 나조차 내가 어떤 모양인지 알지 못한 채 무작정 사랑하려 했던 건 아닐지. 많은 별을 세어도 다 헤아릴 수 없는 내 마음은 늘 아득히 멀기만 하고, 내가 나에게 해 줄 수 있는 말은 그저 오늘 밤을 잘 지나라는 인사뿐이라는 사실에 울컥해질 때가 잦다. 이별하는 연인들을 위한 노래임에도 내게 건네는 위로처럼 느껴지는 노랫말은 석 달이 지나도록 질리지 않는 유일한 노래가 되었다.

이 말을 꼭 기록해 두고 싶었다. 새 보청기로 바꾼 날, 청각사에게 물었던 질문들. 혹시 이 청력 문제가 유전일 수 있나요? 내가 나중에 이 난청을 아이에게 물려줄 수도 있나요? 나처럼 원인 불명의 난청을 겪는 사람도 많은가요?

이번에는 엄마 없이 혼자 센터에 갔던 날이라 눌러뒀던 질문들이 자연스레 터져 나왔다. 가족들도 유전자 검사를 해 보기 전에는 알 수 없다고. 내 염색체에 문제가 있다면 물려줄 가능성도 있다고. 대부분은 원인을 모른 채 달팽이관의 세포들이 점점 죽어서 난청이 온다고. 확실하길 바랐던 질문들의 대답이 그럴 수도, 아닐 수도 있다는 모호한 말로 돌아오자 나도 모르게 얼굴이 굳어져 버렸다. 내 표정에서 웃음이 빠져나가고 있다는 걸 스스로 의식할 정도였다. 그러곤 청각사가 덧붙였다. 선천적으로 난청이 있는 아이들도 보통은 서너

살에 알게 되는데 나는 여섯 살 때 처음 보청기를 꼈으니 비교적 늦게 알게 된 경우라고 했다. 어쩌면 선천적일 가능성이 크다고 했다. 나는 줄곧 후천적인 문제라 믿어왔고 유전적 요인 따위는 없다고 단정해 왔기에 그 사실들이 희미해지니 마음이 너무 착잡해졌다.

이날에 유독 아르바이트를 하며 가슴이 세 번쯤 아렸던 것 같다. 낯설 만큼 생소한 느낌이었다. 심장이 왜 이러나 싶은 순간들이 이어졌고 조금만 더 힘들었으면 정말 위험했을 것 같다는 생각이 들었다. 애쓰지 않아도 겉모습은 멀쩡했고 일도 열심히 했지만 마음은 깊은 상처를 입었다. 더 많은 소리를 얻게 되었지만 반비례하듯 기분은 침잠되어 가기만 했다.

블루투스를 통해 전화하던 중, 조금이라도 더 잘 들리게 되어서 본인이 더 기쁘다고 해주는 말에 눈물이 터지고 말았다. 나조차 다행이라고 여기지 못한 부분을 누군가 대신 기뻐해주는 순간은 말로 다 표현할 수 없을 만큼 고마웠다. 좋은 소리를 많이 들었으면 좋겠다는 말도 해주었다. 좋은 소리는 과연 어떤 것일까. 어떤 얼굴을 하고, 어떤 말소리를 지녔으며 내게 온전히 닿을 수 있을까. 나는 여전히 소리라는 존재 자체에 의심을 품고 살아간다.

그래도 이왕 거금을 들여 바꾼 보청기이니 이전보다 잘 관리하고 조금은 더 자신감을 가져보려 한다. 누군가의 강연을 듣고 많은 사람과 마주하는 자리에서 이전보다 잘 들리는 세상이라면 받아들이려 애써보는 건 내 몫이니까. 한 글자라도 더 선명히 들을 수 있다면 그 한 글자가 내게 건네는 건 결국 커다란 선물일지도 모른다. 내가 가지지 못했던 마음의 빈자리. 그 작은 한 귀퉁이라도 채워질 수 있다면 그것만으로도 감사한 일 아닐까.

승지 소리

  도무지 새로 바꾼 보청기에 적응이 되지 않아 집과 가까운 보청기 센터를 방문하기로 결심했다. 자동으로 배경 소음을 줄여 주는 기능이 마음에 들지 않았다. 식당에서 일하며 올라오는 주문서 소리, 상을 치울 때 나는 접시 부딪히는 소리가 들리지 않아 불편했다. 왜인지 모르게 내가 어떤 큰 소리를 냈는지 인지하지 못하니 행동은 점점 조심스러워질 수밖에 없었다.

  센터를 찾아가 기존보다 볼륨을 높이고 주변 소음을 줄여 주는 기능을 최대한 낮췄다. 이 최신 보청기의 장점은 지하철 소음이나 백화점처럼 유동 인구가 많은 곳에서 사람의 목소리에 집중할 수 있게 돕는다는 데에 있지만 나에겐 그런 기능이 필요하지 않았다. 배경 소리도 사람의 목소리도 모두 크게. 사실 소음이라고 부르기도 싫다. 들리는 소리가 얼마나 소중한지를 안다면 아주 작은 소리라도 놓치지 않고 주워듣고 싶어질 테니까.

다시 조절을 마치고 근처 스타벅스로 향했다. 가는 길에 자동차 달리는 소리며 시끌벅적한 거리의 소음이 들려오니 이보다 반가운 소리도 없었다. 주눅 들어 있던 마음이 스르르 풀렸다. 시끄러운 소리에 더 익숙한 내가 오히려 그런 소음 속에서 마음을 놓을 수 있었다. 사실은 보청기 볼륨을 조금 더 키우고 싶었다. 지금도 충분히 큰 소리인데 더 올리는 건 무리라는 청각사의 말에 조금 당황스러웠다. 나는 이 정도의 볼륨으로도 만족하지 못하며 내 청력이 많이 약해졌음을 실감한 시간이었다. 앞으로 사람들과 원활하고 진심 어린 소통을 이어 가기 위해 어떤 노력이 필요한지 깊이 고민하게 된다. 이 노력은 부디 나 혼자만의 몫이 아니었으면 좋겠다.

아빠와 술 한잔하고 집으로 돌아가는 택시 안에서였다. 나는 물소리를 들으면 눈물이 난다고 말했다. 콸콸 흐르는 냇물 소리나 바다의 파도 소리, 심지어 세수할 때 첨벙거리는 소리마저 의식하게 된다고. 그런 소리를 더 잘 듣고 싶다고 한탄하자 아빠는 당장 유튜브에 들어가 파도 소리를 검색해 보라고 권했다. 내가 누른 건 파도 소리만 담긴 ASMR 영상이었다. 블루투스로 보청기와 연결하니 조금 더 선명하게 들을 수 있었다. 바다에 직접 가지 않아도 이 소리를 듣게 해 준 아빠가 그저 고맙고 괜스레 뭉클해졌다. '소리'라는 단어에 마음을 담아 곱씹어 보았다. 소리는 세상의 모든 것 뒤에 '소리'를 붙이면 없던 감각이 살아나는 듯한 느낌을 준다. 장난감 소리, 종이 소리, 컵 소리, 키보드 소리. 어떤 단어와 붙어도 이상하지 않다.

소리가 눈에 보인다면 어떤 형태일까. 종이 넘기는 소리는 가늘고 바스락거릴 것이고, 컵이 부딪치는 소리는 동그란 파동처럼 튈 것이다. 바람이 부는 소리는 흐린 연기처럼 번지고, 웃음소리는 햇살처럼 퍼지지 않을까. 들을 수 없던 시간을 견디며 나는 소리를 상상하는 사람이 되었다. 들리지 않아도 존재하는 소리를 믿고 싶었다. 그 상상이 나를 감싸 주었다.

　단어 하나에 세상의 온갖 풍경을 담는 그 '소리'를 나는 다 듣지 못하겠지. 아마 이런 생각을 해 본 사람도 많지 않을 것이다. 그렇게 생각하다 보면 고립감과 외로움이 다시 밀려들지만 나는 또다시 그 감정을 견디고 넘어가야 한다.

　누군가는 듣는다는 행위를 단순히 정보의 수신으로 여긴다. 하지만 나는 다르다. 듣는다는 것은 마음의 문을 여는 일이다. 소리를 듣는다는 건 그 안에 담긴 마음까지 헤아리는 일이라는 걸 알게 되었다. 그래서 나는 듣는 사람이 되고 싶다. 말보다 더 많은 것을 전해 주는, 세상의 조용한 목소리에 먼저 귀 기울일 수 있는 사람. 내 청력은 약해졌지만 듣는 마음은 점점 커지고 있다.

　언젠가 '승지 소리'라고 해도 어색하지 않게끔, 나의 목소리와 내면의 마음을 멀리 퍼뜨리고 싶다. 이 소리도 다른 이들이 들어 줄 수 있었으면 좋겠다.

묵음의 세계에서 수화하는 감정

 아직도 선명히 자리 잡은 채혈 자국을 한참 바라보았다.

 엄마가 소개받은 교수님이 계신 대학병원으로 향했다. 한눈에 봐도 다른 과보다 이비인후과가 가장 북적이고 분주해 보였다. 대기실 안에서는 나에게 들리지 않는 이름을 부를까 봐 수시로 화면을 확인하고 간호사의 입 모양에 집중하고 있었다. 다행히 예약해 둔 덕분에 접수하고 곧바로 진료실로 들어갈 수 있었다. 교수님이 무슨 일로 왔냐고 물으시기에 난청 유전자 검사를 받으러 왔다고 말했다. 유전자 검사를 통해 알 수 있는 사실은 앞으로 청력이 더 나빠질 가능성이 있는지 그리고 내가 우성 유전자인지 열성 유전자인지였다.

기록된 내 모든 청력 관련 서류를 훑어보신 교수님은 유전자 검사 이전에 다른 이야기부터 꺼내기 시작하셨다. 이리저리 움직이며 열심히 설명하시던 교수님의 주된 말씀은 하나였다. 하루빨리 인공 와우 수술을 해야 한다는 것. 내 청력 점수는 30점이며, 나머지 70%는 입 모양과 문맥, 청력이 아닌 다른 뇌 기능을 사용해 듣고 있다고 하셨다. 이렇게 뇌가 청력 이외의 방식에만 익숙해질수록 청력을 담당하는 기능이 퇴화가 되어 인공 와우를 해도 소리를 듣기 어려워질 수 있다고 했다.

보청기로 이미 훈련되어 있기도 하고 인공 와우는 소리의 톤을 전혀 구분하지 못하지만 적응하면 괜찮을 거라고 덧붙이셨다. 하지만 그 어떤 설명보다 나를 울컥하게 만든 건 교수님의 다른 말씀이었다. 지금의 청력과 보청기로 견디기에는 조용한 곳에 있어도 사람의 말을 다 듣지 못할 거라고. 영화도 자막이 없으면 보기 힘들지 않냐고. 여럿이 모여 이야기할 때는 거의 알아듣지 못하지 않느냐고 말씀하셨다.

다른 사람들은 선뜻 알아차리기 어려운 부분들을 교수님은 꿰뚫고 계셨다. 그게 너무 속상해서 나도 모르게 하염없이 눈물이 흘렀다. 이렇게 속상하다면 더 잘 들을 수 있는 방법을 찾아야 하지 않겠냐는 교수님의 말에 숨이 턱 막히기도 했다. 충격과 공포에 휩싸인 채 진료를 마친 뒤 유전자 검사를 위해 피를 뽑았다. 옆에 있던 어린아이도 겁먹지 않고 잘도 피를 뽑는 걸 보고 나라도 무서워하면 안 되겠다는 생각이 들었다. 그 어떤 표정 변화도 없이 채혈을 마치고 병원을 나섰다.

병원을 나서는 길에 문득 병원 안의 수많은 소리가 생각났다. 진료실 문이 여닫히는 소리, 안내 방송, 누군가의 이름을 부르는 목소리. 나는 그 소리의 전부를 정확히 듣지 못했지만 몸으로 느끼고 눈으로 읽으며 파악해 왔다는 걸 새삼스레 깨달았다. 청각은 사라졌지만 감각은 남아 있었다. 나는 그 조용한 세계 안에서도 늘 해석하며 살아왔던 것이다.

청각장애인으로 살아간다는 건 소리를 잃는 일이 아니라 해석의 감각을 날마다 사용하는 일이다. 벽 뒤에서 들리는 진동을 따라 누군가 오는 걸 미리 알거나 눈빛의 변화로 분위기를 읽고 말보다 손동작이 빠르게 반응하는 습관이 생긴다. 지하철 안내 방송이 들리지 않아 매 역에 도착할 때마다 수시로 확인하고 낯선 공간에서는 출입문 근처에 서 있어야 한다. 누군가가 나를 부르지 않았다는 확신이 없으면 나는 자주 뒤돌아본다. 이런 반복적인 감각의 사용은 내게 경계가 되었고 동시에 일상의 언어가 되었다.

병원을 다녀오며 마음에 남은 것은 결국 하나였다. 아주 조금이라도 들을 수 있었기에 그 남은 청력을 의지해 말을 배울 수 있었고, 결국 말할 수 있게 되었다는 사실. 물론 우리는 모든 것을 말로 표현하지는 않는다. 어떤 감정은 목소리 없이도 충분히 전해진다. 말하지 못하는 순간에도 우리는 느낌으로 신호를 주고받는다. 말 대신 내 모든 상황을 알아차려 준 교수님의 눈빛처럼 혹은 그냥 옆에 머물러 오는 존재감만으로.

'말할 수 없음'은 곧 약함이 아니라는 걸, 나는 그제야 알았다. 그래서 나의 감정을 알고, 말하고, 표현할 수 있는 용기를 지닌 것만으로도 다행이다. 말하지 못하는 사람들에 관한 이야기를 떠올리며 생각했다. 그들이 꼭 청각적 한계 때문에 감정을 전하지 못하는 것이 아니라고. 우리 모두는 삶에서 감정의 수화를 할 수밖에 없는 순간을 맞이한다.

때로는 너무 복잡해서 혹은 슬프고 조심스러워서 말하지 못한다. 하지만 수화는 손의 언어다. 감정은 결국 몸을 빌려 표현된다. 말하지 못했던 마음은 나도 모르게 눈빛에, 글에, 행동에 새겨져 있다. 소리 없는 마음도 결국은 전해진다. 어쩌면 더 진솔하게.

이렇듯 감정은 늘 말을 필요로 하지 않았다. 우리는 모두 언젠가 묵음의 세계에 서 본 적이 있다. 그곳에서는 손끝의 떨림이, 눈동자의 맺힘이, 따뜻한 숨결이 하나의 언어가 된다. 말할 수 없어도, 들을 수 없어도 마음은 여전히 그 자리에 있다. 나는 그 침묵 속에서 행동으로 마음을 말하는 법을 배웠다. 이것은 소리가 닿지 않는 세상에서도 감정이 사라지지 않는다는 증거다. 묵음의 세계에서 우리는 수화처럼 감정을 건넨다. 조용하지만 선명하게.

묶음의 세계에서 수화하는 감정

펴낸이	홍승지
펴낸곳	느린숨
초판 1쇄	2025년 10월 4일
인쇄	명립프린팅
인스타그램	@211036
전자우편	seungji1432@gmail.com
ISBN	979-11-994299-3-2 (03800)

본 저작권은 저자에게 있습니다.
무단 복제 및 전재를 금하며, 본 책의 내용은 개인적인 용도로만 사용할 수 있습니다.

* 잘못 만들어진 책은 교환해 드립니다.